Wolfgang Rademacher

Rettung in der Zwangsvollstreckung

Flexible Techniken in der
Zwangsvollstreckung nutzen

www.erfolgsonline.de

Wolfgang Rademacher

Rettung in der Zwangsvollstreckung

Flexible Techniken in der
Zwangsvollstreckung nutzen

Dieses Buch ist vom ersten Buchstaben bis zum kompletten Einband vom Autor in Handarbeit erstellt worden. Sollte es Ecken und Kanten haben, freuen Sie sich darüber. Es ist wie im richtigen Leben!

Viel Spaß und Freude wünsche ich Ihnen mit dem Inhalt dieses Buches.

59379 Selm

Wolfgang Rademacher

Gewidmet ist dieses Buch

Ihnen, dem Leser
dieser Publikation

Es soll Ihnen Kraft und Energie für
die anstehenden Aufgaben geben

Alle Rechte der Verbreitung durch Schriften, Fernsehen, Funk, Film, Video, foto- oder computertechnische sowie durch zukünftige Medien sind vorbehalten. Bei Zuwiderhandlung und missbräuchlicher Verwendung kann Schadensersatz gefordert werden.

Rademacher, Wolfgang:

Die Rettung in der Zwangsvollstreckung

Originalausgabe

Aktuelle Auflage: Dezember 2021,

© 2006-2021 by Wolfgang Rademacher, Selm

Eichendorffstraße 27, 59379 Selm

Telefon 02592-981887
Telefax 02592-981889

Email: an@erfolgsonline.de
INTERNET: http://www.erfolgsonline.de

Idee, Text und Titelgestaltung:
Wolfgang Rademacher

Lektorat: Reimund Bertrams

Printed in Germany

ISBN 3-935599-34-x

Recht ist etwas, das man behalten kann, ohne es zu haben — Josef Unger —

Die vorliegenden Informationen stammen aus praxisbezogenen eigenen und fremden Quellen, die als glaubwürdig gelten; eine Haftung für die Verbindlichkeit kann jedoch nicht übernommen werden. Tipps zur Vermeidung von Zwangsvollstreckungen sollten nicht ohne vorherige kompetente Beratung in die Praxis umgesetzt werden.

- Der Autor -

Der vollstreckungssichere Überblick

Achtung: ganz wichtiger Hinweis 13
Früher starten ist jetzt erforderlich 13
Unterhaltsansprüche:
Vorsicht, gefährliches Lindenblatt! 17
Präambel 21
Gewinnen Sie Klarheit! 27
Im Keim ersticken 35
Es ist egal … 47
Kaum zu glauben 61
Das Geheimnis von Summe „X" 69
Machen Sie mal eine Aufstellung 77
Alles reine Nervensache 87
Bürger und Justiz 97
Die Antragsstrategie 105
Nicht locker lassen 115
Zeigen Sie Ihre Zähne 123
„Kuckuck" kann nicht ins Haus 141
Kein Futter für den „Kuckuck" 151
Autsch, Konto blockiert 161
Lohn & Brot behalten 169
Vom Betablocker … 183
Ab in die Warteschleife 195
Neues Spiel, neues Glück 209
Das Panamasyndrom 225
Rette Haus und Hof 235
Der clevere Abschluss 249

Achtung: <u>ganz</u> wichtiger Hinweis

Früher starten ist jetzt erforderlich

Gegen 22:00 Uhr rief mich ein langjähriger Kunde an, dem der Angstschweiß auf der Stirn perlte und bei dem Holland in Not war. Er hatte vor knapp drei Wochen von der Gerichtsvollzieherin eine Ladung bekommen mit folgenden Aufforderungen:

1. Zahlungsaufforderung (Frist zwei Wochen)
2. Ladung zur Abgabe der Vermögensauskunft.

Unbedingt beachten

Also, auf den letzten – allerletzten – Drücker erklärte er mir am Telefon völlig ratlos und angstvoll, dass er morgen früh gegen 8:00 Uhr diese Auskünfte bei der Gerichtsvollzieherin in Ihrem Büro abgeben müsste. Als ich ihm erklärte, dass er gegen die Ladung Erinnerung einlegen sollte, so wie es in meinem Büchern steht, erklärte er mir, dass auf Seite 2 der Ladung etwas anderes stehen würde und las mir folgenden Satz vor:

> *Sollten Sie beabsichtigen, der Verpflichtung zur Abgabe der Vermögensauskunft zu widersprechen, so müssen Sie beim hiesigen Vollstreckungsgericht den Rechtsbehelf der Erinnerung nach § 766 ZPO einlegen. Ein Widerspruch beim Gerichtsvollzieher, gegebenenfalls erst im Termin, ist nicht zulässig.*

Das war natürlich nach den <u>neuen</u> Richtlinien, die am 1. Januar 2013 eingerichtet wurden, richtig. Dann erklärte ich ihm, dass er jetzt per Telefax die Erinnerung dem Amtsgericht, noch vor 24:00 Uhr nachts, mit Versandnachweis zusenden soll.

Achtung: ganz wichtiger Hinweis

Die Begründung für diese Erinnerung sollte er aus den Dateien meiner ihm vorliegenden Bücher nehmen. Anschließend sollte er mit dem Versandnachweisprotokoll, der Gerichtsvollzieherin das Schreiben an das Vollstreckungsgericht zufaxen.

Und morgen früh, die gefaxte Erinnerung im Original und als Kopie an das Vollstreckungsgericht mitnehmen und pünktlich zu dem Termin erscheinen. Das tat er auch.

o einfache Wege Nutzen

Gegen Mittag rief er mich an und war ganz begeistert, dass er die Verpflichtung zur Abgabe der Vermögensauskunft nicht nachkommen brauchte, weil er meinen Rat genau befolgt hatte. Die Gerichtsvollzieherin wäre ganz perplex und ärgerlich gewesen und hätte ihn gefragt, was das denn solle. Sie protokollierte seine Anwesenheit und die in Kopie mitgebrachte Erinnerung und der Termin war nach einer Viertelstunde erledigt. Natürlich konnte die Gerichtsvollzieherin jetzt auch keinen Haftbefehl beantragen, weil er sich ordnungsgemäß entsprechend der Ladung verhalten hatte.

Der Fall meines Kunden machte deutlich, dass ich noch einmal besonders auf einen wichtigen Punkt hinweisen sollte, der im Zusammenhang mit meinen Büchern

Diese Bücher helfen

- Die Macht des Schuldners,
- Rettung in der Zwangsvollstreckung,
- Mach Pleite und starte durch
- Mittel gegen Titel
- Die Macht des Antrags
- und das Buch Schach dem Gerichtsvollzieher von Hannah Kern«

Bedeutung hat.

Achtung: ganz wichtiger Hinweis

Früher war gegen die Bestimmung eines Termins zur Abgabe der eidesstattlichen Versicherung der Widerspruch des Schuldners im Termin beim Gerichtsvollzieher möglich (§ 900 Abs. 4 ZPO alte Fassung). Diesen Widerspruch gibt es seit der Reform des Zwangsvollstreckungsrechts ab dem 01.01.2013 nicht mehr. Für Zwangsvollstreckungsaufträge, die nach dem 01.01.2013 erteilt werden, gilt das neue Recht.

Wenn der Schuldner jetzt ein Schreiben des Gerichtsvollziehers bekommt, in dem er zur Zahlung innerhalb von zwei Wochen aufgefordert wird und ein Termin zur Vermögensauskunft angekündigt wird, muss er dagegen vor dem Termin Erinnerung gemäß § 766 ZPO beim zuständigen Vollstreckungsgericht, nicht dem Gerichtsvollzieher einlegen.

Ein wichtiger Schritt für Sie

Das Vollstreckungsgericht fordert daraufhin die Sonderakten des Gerichtsvollziehers an, um über die Erinnerung entscheiden zu können. Dadurch ist „praktisch" die Zwangsvollstreckung durch den Gerichtsvollzieher ausgesetzt. Und dann können Sie, wie in meinen Büchern über Schulden, Zwangsvollstreckung usw. beschrieben, die rechtlichen und juristischen Verfahren weiter durchziehen.

Ganz wichtig!

Sollte die Erinnerung erst kurz vor dem anberaumten Termin eingelegt worden sein, legen Sie dem Gerichtsvollzieher im anberaumten Termin die Erinnerung und den Versendungsnachweis vor, um zu verhindern, dass der Gerichtsvollzieher Haftbefehl beantragt.

Lesen Sie also grundsätzlich die Texte und rechtlichen Hinweise, die in der Ladung des Gerichtsvollziehers beschrieben sind, gründlich durch und verhalten Sie sich danach. Die Ladung muss ohnehin auf Formmängel überprüft werden, um dann mit der Erinnerung dagegen vorgehen zu können.

Achtung: ganz wichtiger Hinweis

Widerspruch ist nur noch in zwei Fällen möglich. Hat der Gerichtsvollzieher bestimmt, den Termin zur Abgabe der Vermögensauskunft in der Wohnung des Schuldners durchzuführen, kann der Schuldner gemäß § 802f Abs. 2 Satz 2 ZPO beim Gerichtsvollzieher dagegen innerhalb von <u>einer Woche</u> Widerspruch einlegen. Widerspruch ist auch möglich gegen die vom Gerichtsvollzieher veranlasste Eintragung im Vermögensverzeichnis. Dieser Widerspruch muss jedoch gemäß § 882c Abs. 1 Satz 1 ZPO innerhalb von <u>zwei Wochen</u> beim zuständigen Vollstreckungsgericht eingelegt werden. Der Widerspruch als solcher hemmt die Eintragung jedoch nicht.

Achtung: ganz wichtiger Hinweis

Unterhaltsansprüche: Vorsicht, gefährliches Lindenblatt!

Wenn Sie die ausgeklügelten Strategien, Techniken und Methoden aus diesem Ratgeber konsequent anwenden, geht es Ihnen so gut wie Jung-Siegfried aus der Nibelungen-Sage:

Sie baden gewissermaßen im Drachenblut, das sich, erst mal getrocknet, wie ein undurchdringlicher Schutzpanzer um Sie legt. Weder für Schwert noch Speer noch eine Atomrakete gibt es dann ein Durchkommen. Darauf können Sie Gift nehmen. Und Ihre Gläubiger würden am liebsten ebenfalls zur Zyankalikapsel greifen – aus lauter Verzweiflung, dass Sie gegen deren Titel jetzt jede Menge Mittel ins Feld führen können. Klasse, nicht wahr?

Bauen Sie sich Ihren eigenen Schutzpanzer

Aber, Moment mal – Siegfried? Siegfried? War da nicht noch was?

Richtig: die Sache mit dem Blatt. Einem Lindenblatt, glaubt man dem Chronisten der Sage.

Dieses vermaledeite, kleine Ding ließ sich zu Beginn von Siegfrieds Blut-Bad unbemerkt auf dessen rechter Schulter nieder.

Böse Falle! Denn das Ende vom Nibelungenlied ist bekannt: Hagen, dieser Judas, streckt Siegfried später tödlich nieder – indem er die Klinge genau an der klitzekleinen Stelle eindringen lässt, die wegen des Lindenblatts nicht vom Drachenblut benetzt wurde und daher ungeschützt ist. Warum erzähle ich Ihnen das? Nicht nur, damit Sie mal wieder was Schönes lesen – das Nibelungenlied zum Beispiel, das jedes DSDS-Gekrächze auf RTL Stuss um Längen schlägt. Nein, viel wichtiger ist:

Achtung: ganz wichtiger Hinweis

Auch Ihr superharter Schutzpanzer, den Ihnen mein Ratgeber „Mittel gegen Titel" umgeworfen hat, weist leider Gottes so eine Lindenblatt-Stelle auf. Oder, um einen anderen sagenhaften Helden aus der griechischen Antike zu bemühen: eine Achillesferse.

Es gibt - wie so oft - einen Hacken

Und diese Stelle heißt: Unterhaltsansprüche.

Eine kluge Leserin hat mich darauf aufmerksam gemacht, dass es im Zusammenhang mit Unterhaltsansprüchen eine bestimmte Art von Forderungen und Schulden gibt, bei denen auch die besten Mittel gegen Titel versagen. Eben dann, wenn es um Unterhaltsverpflichtungen geht, also beispielsweise um Unterhalt für Kinder oder für einen früheren oder in Trennung lebenden Ehepartner. Für Unterhaltsforderungen hat unser Gesetzgeber ein sog. Pfändungsprivileg geschaffen. Das heißt im Klartext, dass hier andere Spielregeln gelten.

So weit, so gut

Gehen wir einmal davon aus, dass Sie, wie im Kapitel „Vorwegpfändung" beschrieben, Ihr Hab und Gut und Ihr Einkommen gesichert haben. Bei Ihnen wurde bereits nach dem Windhundprinzip gepfändet, für weitere Gläubiger ist nichts mehr zu holen. Das stimmt so auch, gilt aber nur für „normale" Gläubiger. Bei Unterhaltsansprüchen sieht es leider anders aus. Und zwar massiv zu Ihren Ungunsten, um ehrlich zu sein.

Das ahnten Sie bestimmt, als Sie den entsprechenden juristischen Begriff gelesen haben: „Pfändungs-PRIVILEG für Unterhaltsforderungen".

Die Faustregel lautet: Unterhaltsforderungen gehen immer vor. Das heißt also, dass bei ausstehenden Unterhaltszahlungen trotz laufender Vorwegpfändung bei Ihnen eine Kontopfändung vorgenommen werden kann.

Achtung: ganz wichtiger Hinweis

Eigentlich nichts Neues. Jeder, der eine offene Forderung mit entsprechendem Titel hat, kann das versuchen: Haben Sie entsprechende Vorsorge getroffen, kommt ihr Gläubiger eben zu spät.

Anders bei Unterhaltsansprüchen. Hier werden Pfändungen von Unterhaltsansprüchen vorrangig bedient. Mit Ihrer Vorwegpfändung – die in 99,9 % aller Fälle prima funktioniert – gucken Sie in diesem Ausnahmefall erst mal in die Röhre.

Und nicht genug damit: Unterhaltsforderungen berechtigen Ihre Gläubiger dazu, bei Ihnen über die allgemeinen

Pfändungsschutzgrenzen hinaus vollstrecken zu können. D.h., die Pfändungsfreigrenze – die normalerweise ebenfalls in 99,9 % der Fälle guten Schutz bietet – kann bei dieser Spezial-Art von Pfändung deutlich unterschritten werden. Und es kommt noch schlimmer: Wenn Sie Pech haben, lässt man Sie sogar auf Hartz-IV-Niveau abrutschen.

Im ungünstigsten Fall erhalten Sie also gerade mal den derzeitigen monatlichen Hartz-IV-Regelsatz von schlappen 382 € zugesprochen. Hinzu kommen noch Beträge für Unterkunft, Heizung etc. Sie können davon ausgehen, dass Ihnen nach jener Praxis, die von unseren Gerichten abgesegnet wird, etwa mickrige 600 bis 700 € im Monat verbleiben. Die üblichen Pfändungsfreigrenzen sind in diesem – nochmals gesagt: speziellen! – Fall Makulatur.

Was also tun, wenn Sie genau dieses Schicksal trifft? Dann müssen Sie sich noch kreativere Lösungen einfallen lassen. Beispielsweise können Sie rechtzeitig das EU-Weite suchen, also Ihre Zelte an einem neuen Wohnsitz innerhalb Europas aufschlagen, ohne bei der Abmeldung die Neuanschrift anzugeben. Das ist legal.

Jedenfalls nicht den Kopf in den Sand stecken

Achtung: ganz wichtiger Hinweis

Es gibt für jedes Problem eine Lösung

Dann müssen Sie natürlich rechtzeitig Ihr Konto ebenfalls unerkannt umziehen lassen – oder, noch besser, einen anderen, verlässlichen Menschen bitten, unter seinem Namen für Sie ein Konto einzurichten und Ihnen eine Kontovollmacht zu erteilen. Näheres zu diesem Thema enthüllt Ihnen mein Ratgeber »Weiße Weste durch Umzug«.

Präambel

Der kühle, ungemütliche Raum war erfüllt mit Menschen. Menschen? Wohl nur noch deren Schatten. Schatten, die auf harten Stühlen aus Holz und Metall kauerten, wie auf ihre eigene Hinrichtung wartend; die Blicke bedrückt am Boden festgefroren. Alkohol und Verzweiflung hatten bei den meisten hässliche Furchen in die Gesichter gegraben. Und jeder dieser Schatten schwitzte in seinen verkrampften Händen ein paar Zettel durch: Ladungen zur Eidesstattlichen Versicherung (EV). »So sehen also angeschlagene Schuldner aus«, fuhr es mir durch den Kopf. »Und herzlichen Glückwunsch: Jetzt gehörst du selbst zu diesem traurigen Haufen!« **Eine wirklich traurige Angelegenheit**

Denn auch ich war zur Abgabe der EV geladen. Wegen läppischer 308 €. Die versuchte ein Rechtsanwalt aus Hannover von mir zu bekommen, seit Monaten schon. Ratenzahlungen hatte ich ihm schon mal angeboten. Das Geld wollte er zwar haben - aber keine entsprechende Vereinbarung unterschreiben. **Es ging nur um 308 €**

Achtung: ganz wichtiger Hinweis

Ich sollte erst mal einen kleinen Betrag auf sein Konto überweisen und dann würde man schon sehen. Natürlich spukte dabei ein Hintergedanke durch seinen Juristenschädel: Auf meine Bankdaten war er ganz spitz, um das Geld auf meinem Konto beschlagnahmen zu können. Doch so schnell pfänden die Preußen nicht!

Ich kannte das Prozedere bereits

So waren schon knappe sechs Monate vergangen. Der Anwalt hatte seither nur Kosten am Hals; Geld hatte er nicht von mir gesehen. (Im Grunde waren es sogar zwei Anträge zur Abgabe der EV, die mich an diesem Tage begleiteten. Doch dazu später!)

An diesem Tag, inmitten meiner Leidensgenossen, musste ich an meine erste EV denken. 16 Jahre war das nun schon her! Ich sah die kleine Nebenstelle des Amtsgerichts noch vor mir: Ein Rechtspfleger füllte mit mir ein kleines Formular aus - schon war die »Vermögenslosigkeit« amtlich abgenommen. Zugenommen haben heute aber der Umfang der Formulare und die Umständlichkeit der Prozedur: Denn das müssen die eh schon überlasteten Gerichtsvollzieher nun auch noch abwickeln. Frei nach dem bewährten Militär-Wahlspruch: Warum einfach, wenn's auch kompliziert geht?

Dabei ist die Ausgangslage viel besser

In ihrer Niedergeschlagenheit würden die meisten Schuldner alles Mögliche unterschreiben, um nur den Gerichtsvollzieher aus ihren vier Wänden heraus zu bekommen und endlich Ruhe zu haben.

Präambel

Und wenn's beim Teufel persönlich wäre! Dabei ist das Thema sogar ein echter Quoten-Knaller: Private und öffentliche TV-Sender gucken den Gerichtsvollziehern bei deren Arbeit gar zu gern über die Schulter: Sozial-Voyeurismus pur, denn die finanziell abgesackten Socken werden durch dieses Zuschaustellen auch noch zum Objekt wohnzimmertauglicher Schadenfreude.

Ein nutzloses Unterfangen

Um den Schein der Hilfsbereitschaft zu wahren, karren diese Sendungen immer wieder »Experten« heran, die den Betroffenen aus der Schuldenfalle helfen sollen. Doch mehr als Leichenumbettung ist bisher nicht dabei herausgekommen. Fazit: Die »Fachleute« gehen - die Schulden bleiben. Vielleicht aufgelockert durch kleine finanzielle Verschnaufpausen. Mehr aber nicht! Wie man jedoch aus seiner Schuldenfalle <u>nachhaltig</u> herauskommt, darüber berichten keine Medienkoryphäen.

Den größten Teil meines Lebens habe ich mich mit dem eigenen Schuldenabbau beschäftigen müssen. Aus diesem einzigartigen, durch und durch praxisnahen Wissen sind meine Bücher:

Bücher, die Ihnen Ihre Augen öffnen

- »Die Macht des Schuldners«
- »Mach Pleite und starte durch«
- »Rette Haus und Hof«

entstanden.

Achtung: ganz wichtiger Hinweis

Das ist dann ein super tolles Gefühl

Diese Ratgeber sagen Ihnen klipp und klar, was Sie unternehmen können und müssen, um finanziell wieder auf die Beine zu kommen. Ob das ein leichter Weg ist? Wo denken Sie hin?! Doch hat man sich erst einmal oder mehrmals an den eigenen Haaren aus dem Schuldensumpf gezogen, sieht man die Welt mit viel mehr Selbstvertrauen an.

Wer das durchgemacht und geschafft hat, der kann wahrlich mit breiter Brust allen anderen Herausforderungen dieser Welt entgegentreten: Nichts, gar nichts kann ihn dann noch in die Knie zwingen!

Aber auf Augenhöhe

Dieses Buch schließt die noch verbliebene Lücke und hilft Ihnen, nunmehr auch das komplexe Thema »Zwangsvollstreckung« souverän zu beherrschen. Besitzen Sie alle vier Bücher, sind Sie praktisch in der Lage, jedem Gläubiger das Leben schwer zu machen - und dennoch mit eben diesem Gläubiger eine praktikable Möglichkeit zu finden, das Problem aus der Welt zu schaffen. Das geht nicht ohne Zähneknirschen ab - weder auf der Seite Ihres Gläubigers noch auf Ihrer. Aber gerade für Sie wird es unterm Strich der leichtere Weg sein.

Doch die Fragen, die sich bei der Schuldenbereinigung immer wieder stellen, sind die:

Fragen über Fragen

- Geht das überhaupt so?
- Wie verhalte ich mich?
- Was muss ich tun?

Präambel

Oft habe ich ebenfalls vor diesen schwierigen Fragen gestanden und hatte ohnehin keine sofortige Lösung parat. Vor allem keine schnelle. Eines aber wusste ich stets mit Sicherheit: Kommt Zeit, kommt Rat und meistens auch die Lösung.

Wer handelt findet Lösungen

»Und wie geht's jetzt weiter?« Mit dieser Frage auf den Lippen habe ich oft vor finanziellen Problemen gestanden, die man gemeinhin als unlösbar angesehen hat. Was ich dann getan habe? Einfach weitergemacht! Diese Initiative hat mein Know-how wachsen lassen. Heute weiß ich besser denn je, wo der Hase »im Pfeffer« liegt und der Hebel anzusetzen ist.

Wenn man den Gerichtsvollzieher in den eigenen vier Wänden hat, fällt es schwer, einen kühlen Kopf zu behalten. Niemand weiß das besser als ich! Aber glauben Sie mir: Die meisten Menschen, die dem Beruf des Gerichtsvollziehers nachgehen, sind ganz nette und passable Leute. Die wollen keinen Ärger, sondern nur ihren Job machen - und die Aktenberge schnell vom Tisch haben. Verständlich, dass sie »ihre« Schuldner der Einfachheit halber oft mit der Abgabe der EV oder Aufgabe von Hab und Gut überrumpeln.

Nicht überrumpeln lassen

Doch eines ist so sicher wie die nächste Steuererhöhung: Sie haben auch als Schuldner Rechte! Nutzen Sie diese Rechte hemmungslos aus - bis zum Letzten!

Und es auch einsetzen

Achtung: ganz wichtiger Hinweis

Aber Sie müssen um diese Rechte wissen, und Wissen ist nur dann Macht, wenn es angewendet wird. _Deshalb: Nutzen Sie mein Wissen, um aus Ihren finanziellen Schwierigkeiten wieder herauszukommen._

Doch vorher möchte ich Ihnen noch eines mit auf den Weg geben:

Federn muss jeder lassen

Wenn Sie ein Buch erwarten, das Ihnen verborgene Schleichwege weist, auf denen Sie sich aus der Verantwortung für Ihre Schuldenlage stehlen können, dann liegen Sie falsch. Stattdessen zeigen Ihnen die folgenden Seiten, wie Sie clever Ihren Kopf aus der Schuldenschlinge ziehen können, ohne dabei zu viel zu bezahlen.

Seien Sie also mutig, und packen den Schuldenstier bei den Hörnern. Denn eines weiß ich inzwischen, vielleicht besser als Sie: Es wird alles nicht so heiß gegessen, wie es gekocht wird. Sind Sie dann wieder an der Sonne, nehmen Sie sich bitte das nachfolgende Zitat zu Herzen:

> **Kaum hatte er einen Platz an der Sonne, da war es ihm auch schon zu heiß.**
> - Wolfgang Eschker -

ANFANGEN!

Lassen Sie uns nun an die Arbeit gehen, damit Sie wieder einen Silberstreif am Horizont sehen.

Gewinnen Sie Klarheit!

Zukunftsangst: Diese »Rasierklinge im Kopf« blockiert bei den meisten Schuldnern das klare Denken und die dringlichsten Handlungen. Handlungen, die einfach unverzichtbar sind, um aus der verfahrenen finanziellen Lage wieder herauszukommen.

Eine wirklich traurige Angelegenheit

Noch ein Gedanke drängt sich vielen auf: »Dann mache ich eben einfach Insolvenz!« Und meinen, damit den Königs(aus)weg gefunden zu haben und sich der Verantwortung komfortabel entziehen zu können. Von wegen! Hier haben die Schuldengötter vor dem Insolvenzerfolg erst mal den Schweiß gesetzt. Viel Schweiß! Ganz so einfach ist es nicht, mal »so eben« Insolvenz anzumelden. Und es könnte zudem sein, dass Sie es sich aus familiären, beruflichen und geschäftlichen Gründen überhaupt nicht leisten können.

Ganz so einfach geht es nun mal nicht

Doch wie immer im Leben: Nach Rom führen viele Wege - und aus der Schuldenfalle ebenso. Viele verschuldete Konsumenten leben eben über ihre Verhältnisse, selbst dann noch, wenn sie die erste Schuldenwelle schon schlucken mussten.

Hat es Sie auch schon erwischt?

Gewinnen Sie Klarheit!

Je früher, desto besser

Ratschlag 1: Stecken Sie den verschuldeten Kopf niemals entnervt in den Sand - und seien Ihre »Miesen« auch noch so hoch! Je frühzeitiger Sie Ihre wirtschaftlichen Unterdeckungen erkennen, umso erfolgreicher und kostengünstiger können Sie sich aus dem Schlamassel befreien.

Nur wenn Sie einen finanziellen Schwelbrand rasch unter Kontrolle bekommen, haben Sie Aussichten, ein wirtschaftliches Großfeuer zu vermeiden. Was aber machen die meisten Schuldenfürsten? Sie vergeuden ihre knappe Zeit damit, Sündenböcke zu suchen (zumeist ihre Gläubiger) und sie wie die Rohrspatzen auszuschimpfen:

- »Immobilienbetrug durch die Banken und deren Vermittler!«

Eine fast unendliche Liste

- »Die Banken geben mir keinen Kredit mehr oder haben meine Konten eingefroren!«

- »Die Schufa-Eintragungen hemmen meine wirtschaftliche Beweglichkeit. Nirgends bekomme ich noch Kredit, um meine Schulden zu bezahlen!«

- »Die ›Schweine‹ wollen mir den Strom oder das Gas abstellen!«

- »Auf einmal belieferten mich die Versandhäuser nicht mehr, obwohl ich nichts getan habe!«

Gewinnen Sie Klarheit!

Seien Sie Manns genug, sich einer Tatsache zu stellen: **Der einzig Schuldige an Ihrem Finanzdebakel sind Sie! Sie ganz allein!!!** Die Höhe Ihrer Schulden spielt dabei überhaupt keine Rolle.

Es geht immer nach dem Verursacherprinzip

> **Diagnose ist eine hochbezahlte Kombination von Wissen, Erfahrung und Glück.**
> - Anonym -

Und steigen Sie bitte nicht zum ersten Solosänger im Chor der Jammerlappen auf! Nicht die Welt ist schlecht - Sie haben schlecht gewirtschaftet. Wer war es denn, der durch seine Unterschrift oder sein Handeln finanzielle Verpflichtungen eingegangen ist? Sie selbst, nicht wahr? Wenn Sie dabei über den Tisch gezogen wurden, dann haben Sie mitgeschoben: durch Unwissenheit oder Dummheit. Beides tut weh. Aber beides ist auch heilsam und lehrreich. Und Sie werden daraus lernen, weil Sie jetzt an Ihre geldliche, seelische und körperliche Belastungsgrenze gehen müssen - und darüber hinaus, wenn es sein muss.

Die Ausgangsbasis liegt meistens in diesem Bereich!

<u>Ratschlag 2: Bringen Sie den Mut auf, sich vor sich selbst klipp und klar zum Hauptschuldigen an Ihrer aktuellen wirtschaftlichen Situation zu bekennen!</u> Natürlich, es können Ihnen andere geholfen haben. Doch der Fisch stinkt immer am Kopf zuerst.

Gewinnen Sie Klarheit!

Und kein anderer!

Sie halten jetzt den Schwarzen Peter in der Hand, und Sie sind derjenige, der ihn wieder loswerden muss. Sehen Sie also zu, dass Sie ihn einem anderen weitergeben, ohne zu viel zu bezahlen!

Deshalb haben Sie dieses Buch gekauft

Bevor Sie mich für völlig lebensfremd halten: Natürlich schliddert keiner ohne fremden Schubs in die Schuldenfalle. Auch diese Medaille hat zwei Seiten. Klar doch, Ehe-, Lebens-, Geschäfts-, Unternehmens- und andere Partner lösen das Billet für die finanzielle Talfahrt oft mit: Eben war noch alles eitel Sonnenschein - plötzlich hockt man in einem dunklen Schuldenloch und weiß gar nicht, wie einem geschieht.

Mein erfolgreicher Vetter macht fast ausschließlich Kesselsanierungen. Dabei wirbt er in regionalen wie überregionalen Tageszeitungen mit dem Slogan: »Wir schmeißen Ihre Alte raus!« Gemeint ist natürlich die alte Kesselanlage. Doch manch ehemüder Kunde wittert Morgenluft: Ob seine »Alte« (seine Frau) denn auch gleich mitgenommen würde? Ein Schlaumeier, Besitzer eines ehedem florierenden Unternehmens, hat sich getraut, diese Frage im Beisein seiner Angetrauten zu stellen. Die »Alte« ging sofort. Was aber blieb, waren Unterhaltszahlungen für Frauchen und vier schulpflichtige Kinder. Die Geldforderungen überstiegen nach ganz kurzer Zeit die Finanzkraft des Unternehmers.

Er wollte es wörtlich nehmen

Gewinnen Sie Klarheit!

Ein Jahr später machte er mit seinem Laden Pleite, und der Schlaumeier stand völlig überschuldet auf dem Schlauch.

Zu allem Unglück bekam er nun regelmäßig Besuch von einer (wenigstens hübschen) Gerichtsvollzieherin. Der überließ er zunächst jeden Euro. Als die weg waren, machte sie eben mit den Cents weiter, die er noch hatte. Immer im Auftrag der »Alten«. Für ihn, den Schlaumeier, war natürlich die »Alte« an seinem Dilemma schuld. Und da er von Schuldenregulierung keine Ahnung hatte, war er nachher ein ganz armer Sack.

Wer noch Geld locker machen kann, löhnt auch meistens

> **Paradoxon ist eine Tatsache, die Kopf steht, um auf sich aufmerksam zu machen.**
> - Anonym -

Doch egal, wie eine Partnerschaft auseinander geht oder wie viele Schulden dabei übrig bleiben: Der Dümmere bleibt immer darauf sitzen. Garantiert. Denn so arbeitet unser gesellschaftliches System nun mal. Das trifft ebenfalls zu, wenn der Ehemann sich vom Acker macht und eine neue Liebe gefunden hat. Zahlt er keinen Unterhalt und hat die Ex in besseren Zeiten fatale Vereinbarungen brav mit unterschrieben, wird sie mit als erstes angezapft. Wenn sie sich nicht dagegen wehrt.

Umgedreht aber auch sehr oft

Gewinnen Sie Klarheit!

Ich weiß nicht, wie viel Lehrgeld ich wegen Geschäftspartnern, mit denen ich ein Unternehmen zusammen hatte, auf den Tisch blättern musste. Eine Stange Geld war es auf alle Fälle.

Immer eine wichtige Voraussetzung

Wenigstens aus meiner Ehe bin ich mit heiler Haut wieder herausgekommen. Außer meinen und ihren Anwaltsgebühren musste ich nichts bezahlen. Gott sei Dank verdiente meine Ex-Frau ihr eigenes Geld. Zudem hatten wir keine Sprösslinge, aber einen in der Praxis bewährten Ehevertrag. Den ich natürlich vor der Hochzeit mit ihr abgeschlossen hatte. Sonst hätte ich am Ende tiefer in die Tasche greifen müssen. Also, außer von »Eierbechern mit Hütchen« und ein paar anderen gemeinsam angeschafften materiellen Errungenschaften musste ich mich von nichts trennen.

Immer selber regeln

Für meine Tochter (die mit einer anderen Frau habe, versteht sich) habe ich zahlen müssen. Wie ich das gemacht habe (das Bezahlen, nicht das Kind), das verrate ich Ihnen später. Das Wichtigste, was ich durch meinen finanziellen Schlamassel gelernt habe, ist, dass ich für akuten Moneten-Schwund selber verantwortlich bin. Das gilt auch für Sie. Halten Sie sich das stets vor Augen!

<u>Ratschlag 3: Wenn es um Ihr Geld und Ihre Schulden geht, dürfen Sie sich nie, wirklich niemals auf andere verlassen!</u>

Gewinnen Sie Klarheit!

Sie werden sehr schnell erkennen, dass Sie sonst verraten und verkauft sind. Wenn Sie in der finanziellen Zwickmühle stecken, sollten Sie sich auf überhaupt niemand anderen mehr verlassen als auf jene Person, die im Moment auf diese Zeilen schaut. Erst, als ich diesen Rat für mich selbst beherzigt hatte, konnte ich einfallsreich dafür sorgen, dass ich meinen gewaltigen Schuldenberg ohne wirtschaftliche Einengungen abtragen konnte

Trotzdem das Ziel nie aus den Augen verlieren

Mich im Kampf mit meinen Gläubigern zu behaupten war nicht immer leicht. Doch rückblickend kann ich sagen, dass ich - ohne mir dessen anfangs bewusst zu sein - immer eine Tatsache für mich ausgenutzt habe: Ich hatte viel mehr Möglichkeiten, mich aus dem Finanz-Schwitzkasten herauszuwinden, als es meinen Plagegeistern lieb sein konnte.

Dabei spielte es keine Rolle, ob es sich um:

- Unterhaltszahlungen
- verlorene Prozesse
- Schuldentilgung aller Art
- Vergleiche mit den Banken oder
- Gläubigerkosten

Und viele andere Möglichkeiten

handelte!

Jedenfalls verstand ich es fast immer, den Zeitpunkt der Zahlung so weit nach hinten zu verschieben, wie es mir genehm war.

Über meine Kasse bestimme ich immer noch selber

33

Gewinnen Sie Klarheit!

Davon kann ich nicht genug bekommen

Zudem gönnte ich mir selbst ein Sahnehäubchen, indem ich meinen Gläubigern auch noch Ratenzahlungen anbot und diese dann meinen Vorstellungen zustimmten - völlig entnervt. Nur um des lieben Friedens willen! Wohlgemerkt: Nicht nur die Ratenhöhe habe ich bestimmt, sondern auch den Zeitraum, in dem ich meinen Verpflichtungen nachkommen wollte.

Auch Ihnen stehen diese Möglichkeiten laut Gesetz zu. Jede einzelne von ihnen werde ich Ihnen auf den nachfolgenden Seiten beschreiben. Sie werden dieses Buch selbst dann noch mit Gewinn lesen, wenn Sie schon mitten in der Zwangsvollstreckung stecken. Denn selbst in dieser Lage bieten sich Ihnen rechtliche Abwehr-Möglichkeiten, die Sie ziemlich einfach anwenden können.

Und Gottes Kredit ist nun mal die Zeit; deshalb sollten Sie dies kostbare Gut - die Zeit - in jedem Fall für sich nutzen.

Denn es wird alles nicht so heiß gegessen, wie es gekocht wird.

Im Keim ersticken

Machen Sie sich bloß keine falschen Hoffnungen! Selbst im allerbesten Fall müssen Sie Ihre Schulden begleichen: mit kleinen, mittleren oder größeren Zahlungen. Anders werden Sie sich niemals aus der Umklammerung der Zwangsvollstreckung befreien können. Aber das schaffen Sie schon: Sie müssen nur für alle Vergleichsmöglichkeiten und in allen Richtungen offen sein.

Jede Möglichkeit einsetzen und nutzen

Pfeifen Sie dabei zu allererst mal auf Ihren »guten Ruf«. Der geht sowieso flöten, wenn Sie schlecht oder gar nicht zahlen. Denn dann sorgen andere aus Ihrem Umfeld schon dafür, dass an Ihre weiße Weste schwarze Flecken kommen. Zu Ihrem Glück dürften die meisten Ihrer Gläubiger aber nicht gleich um die Ecke wohnen.

Es ist alles sowieso nur Geschwätz!

Noch ein Lichtblick: <u>Jeder, ich sage hier bewusst jeder, dem Sie Geld schulden, wird sogar mit einfachen tragbaren Lösungen einverstanden sein!</u> Voraussetzung: Sie halten sich strikt an einmal gemachte Zusagen.

Im Keim ersticken

Es ist leichter, als Sie denken!

Machen Sie es besser als jene Schuldenangsthasen[1], die sich davor fürchten, über ihren Schatten zu springen und sich mit ihren Schuldforderern auseinanderzusetzen.

Mein Rat: Geben Sie niemals vorschnell auf! Gerade dann nicht, wenn die andere Seite nicht sofort zustimmt und obendrein noch mürrisch oder ärgerlich reagiert. Ein erstes »Nein!« in der Anfangsphase ist kein »Nein!« für alle Zeit. Glauben Sie mir das; ich weiß es aus eigener Erfahrung.

Gerade dann laufe ich zur Höchstform auf

Erfahrungswert 2: Je frischer Ihre Schulden sind, desto schlechter ist zunächst Ihre Ausgangslage. Denn Ihr Gläubiger gibt sich dann der Hoffnung hin, dass er sein ganzes Geld tatsächlich noch bekommen wird. Verstehen Sie mich nicht falsch: Ich will Sie an dieser Stelle keinesfalls dazu animieren, Ihren eingegangenen finanziellen Verpflichtungen nicht nachzukommen. Im Gegenteil: Was Sie an Schulden regulieren können, regulieren Sie am besten sofort. Dann haben Sie das aus Ihrem Kopf, und Sie können sich auf andere Herausforderungen stürzen.

> **Vor dem Bündnis zwischen Vernunft und Experiment flieht der Irrtum.**   - Lothar Schmidt -

---

[1] Mit »Nutze Deine geistigen Waffen« werden Sie ganz schnell Ihre Angst los.

Im Keim ersticken

Und wenn dabei die Leistungen desjenigen, dem Sie Geld schulden, nicht dem Geldwert entsprechen, sitzen Sie ohnehin am längeren Hebel. Beispiel gefällig?

Vor etwa zwei Jahren habe ich meinen Wagen in die Werkstatt gebracht, um mehrere »leichte Mängel« für etwa 1.000 € reparieren zu lassen.

Dazu kam noch ein Dusseligkeitsschaden, an dem ich selbst schuld war: Beim Herausfahren aus einer anderen Kfz-Werkstatt hatte ich eine von links kommende Klapperkiste übersehen. Die hatte sich dadurch an meinem hinteren linken Kotflügel festgefahren - zwei leichte Schäden am fremden und an meinem Fahrzeug waren die Folge. Gemeinsam fuhren wir zu meiner damaligen Stammwerkstatt. Dort machte ich mit dem Werkstattinhaber persönlich aus, dass der Preis zur Behebung des gegnerischen Schadens 400 bis 450 € nicht übersteigen solle.

Der Werkstattbesitzer führte beide Reparaturen durch. Dann kamen nach und nach die Rechnungen - und mir die Tränen: Statt der vorher vereinbarten 1.000 € wurden mir 1.618,78 € aufgehalst. Der gegnerische Blechschaden sollte mich 788,12 € kosten und die Ausbesserung meines eigenen Kotflügels 250 €. Jetzt ging es um 2.656,90 €!

Sofort reklamierte ich die Rechnung telefonisch. Mit dem Inhaber vereinbarte ich vorweg die Streichung der 250 €.

In »Reich durch Vergleich« steht, wie's gemacht wird

Ich hatte ganz einfach gepennt

Preise und Fertigstellung stimme ich immer vor Auftragserteilung ab!

Im Keim ersticken

Sie sehen: Mit einem einzigen Telefonat konnte ich meine »Schulden« bereits um 250 € senken. Sicherheitshalber notierte ich auf der entsprechenden Rechnung von Hand:

Immer gleich reklamieren, wenn etwas nicht stimmt

„Rechnung wurde vereinbarungsgemäß mit Herrn ... storniert. 17.05...."

Gleich danach hatte ich die Rechnung auf mein Fax gelegt und meinem Geschäftspartner zugesandt.

Das dauert oft länger, als Sie glauben

Noch etwas vereinbarten wir am Telefon: dass wir über die restliche Differenz aus den anderen beiden Rechnungen in den nächsten Tagen persönlich sprechen wollten.

Was in den nächsten Tagen passierte? Erst mal nichts. Auch in den nächsten Wochen: nichts! Aber dann: Plötzlich verunzierte eine Mahnung über die eigentlich noch zur Diskussion stehenden Beträge meinen Schreibtisch. Der Endbetrag war sogar um 166,11 € gewachsen - aus einer Rechnung aus dem Jahr zuvor. Aber die hatte ich doch längst beglichen!

Abgebrüht wie ein Mineralölkonzern präsentierte mir der Autoschrauber seine überhöhte Rechnung:

Zeigte nur seine schlechte Buchhaltung auf

02. 07.	116,11 €
28. 04.	1.618,78 €
18. 06.	250,00 €
21. 06.	788,12 €
Gesamt	2.823,01 €

Im Keim ersticken

Irgendwie mussten die Forderungen zwischenzeitlich Junge bekommen haben. Wie um alles in der Welt war das bloß passiert? Sei's drum - ich schrieb auf die Rechnung:

> *Rechnung vom 02.07. .... Ist bereits bezahlt. Rechnung vom 18.06. .... wurde wie mit Herrn .... storniert. Die anderen Punkte müssen noch geklärt werden.*

Gleicher Vorgang - gleiches Spiel

Quasi noch briefkastenwarm faxte ich die Mahnung mit meinem Vermerk zurück. Und wieder ruhte still der Forderungssee.

So gegen Ende November, an einem Freitagabend, lockte mich ein Dorffest ins Bürgerhaus. Es war proppenvoll - dennoch lief ich meinem Experten für kreative Blech- und Rechnungsgestaltung über den Weg. Verlegen wollte er in der Enge das Weite suchen und tat so, als habe er mich nicht gesehen. Ich aber ging ganz zielstrebig auf ihn zu, begrüßte ihn mit seinem Spitznamen und streckte freundlich meine Hand aus. Ob er denn kein Geld haben wolle, verdutzte ich ihn. Schließlich habe er nach über einem halben Jahr noch immer keinen Besprechungstermin mit mir ausgemacht.

Das kannte er überhaupt nicht

> **Geht der Schuldner auf den Gläubiger zu, ist die Welt des Gläubigers nicht mehr in Ordnung.** - Wolfgang Rademacher -

Das holte er fassungslos, aber kurzerhand nach: Gleich am nächsten Dienstagmorgen wollte er gegen zehn in meinem Büro sein.

Angriff ist oft die beste Verteidigung

39

Im Keim ersticken

Kommt öfters vor

Von wegen: Es wurde zwölf Uhr mittags, und ich war in meinem Büro immer noch so allein wie Gary Cooper im Kampf gegen das Böse.

Und das, obwohl die Werkstatt noch mindestens satte 2.406,90 € zu bekommen hatte. Doch am Donnerstagnachmittag so gegen 15 Uhr schellte er unerwartet an meiner Büroklingel. Natürlich zu einem ganz ungünstigen Zeitpunkt.

Ich öffnete meine Haustür: Mit ein paar Zetteln bewaffnet fuhr er mich bei der Begrüßung an, so, als sei nie ein Termin vereinbart worden: »Wir wollten uns doch treffen, um das mit den Rechnungen zu klären.« »Ja, ich glaube, wir hatten Dienstag gegen 10 Uhr vereinbart«, reagierte ich etwas ärgerlich. »Da hatte ich keine Zeit.« »Jetzt habe ich leider keine Zeit. Wenn es brennen würde, würde ich meine Sekretärin fragen, ob die Feuerversicherung bezahlt ist. Würde sie ‚Ja' sagen, dann lassen Sie es brennen.«

Jetzt konnte es ruhig brennen

Wirklich: billiger Kredit

Erst war er geschockt - dann sehr verärgert. Beim Verlassen des Hofs rief er mir zu, dass er mich wegen eines neuen Termins anrufen wolle. Doch statt eines Anrufs bekam ich nur dieselbe überhöhte Mahnung, und das ab da dreimal im Jahr. Ich reagierte bewusst nicht mehr auf diesen Unfug.

Dann hatten wir wieder ein Stadtfest. Diesmal im Februar, also über ein Jahr später.

Im Keim ersticken

Ich saß noch im Auto, als ich den Blechkarossen-Figaro erblickte und beim Spitznamen rief. Stehenden Fußes nahm er Reißaus, als ob ich die Krätze hätte. »Was hast du denn nur falsch gemacht?«, dachte ich verwundert und verstand die Welt nicht mehr.

Verstehen Sie das?

Wieder magerte der Kalender kräftig ab. Seit der Reparatur waren fast zwei Jahre ergebnislos ins Land gegangen. Doch auf einmal lag das Schreiben eines Rechtsanwalts in meinem Briefkasten.

Darauf stand fein säuberlich:

Hauptforderung	2.823,01 €
Zinsen seit 27.03. ….	512,70 €
Forderungsbestand	3.335,71 €
RA-Gebühren	308,21 €
Ihr Zahlbetrag per 27.03. ..	3.643,92 €

Fast wäre ich dann doch noch unruhig geworden

Für jeden Tag wurde die Summe um 0,49 € Zinsen erhöht, und den Gesamtbetrag sollte ich mal eben bis zum 27.03. …. bezahlen.

Den ganzen Tag über wälzte ich eine kniffnige Frage hin und her: »Rufe ich den Anwalt an oder meinen Geschäftspartner?« Dann schlief ich eine Nacht darüber. Am anderen Morgen, an einem Freitag, hatte ich mich dann für meinen Geschäftspartner entschieden, den ich gegen 10 Uhr anrief.

Er meldete sich und zeigte sich ausgesprochen freundlich.

Jetzt wollte ich es wissen

Im Keim ersticken

»Sollen wir uns vor Gericht unterhalten oder in meinem Büro?«, fragte ich ihn schließlich. »In deinem Büro dürfte es wohl besser sein«, antwortete er hörbar überrascht. »Gut, dann lass uns die unangenehme Angelegenheit gleich am Montag gegen 9 Uhr aus der Welt schaffen.«

> **Entschlossenheit im Unglück ist immer der halbe Weg zur Rettung.**
> - Johann Heinrich Pestalotzi -

Mit den ältesten und kleinsten Beträgen anfangen

Zwei Minuten nach neun klingelte er tatsächlich bei mir an. Erst noch ein kleiner Plausch, dann eine Tasse Kaffee - und schon ging es wirtschaftlich zur Sache. Als Erstes warfen wir die beiden Rechnungen über 166,01 € und 250 € zum Altpapier, danach die Zinsforderung und die Rechtsanwaltsgebühren.

So, das sah doch schon besser aus: Die 788,12 € waren auf 450 € geschrumpft, wie ursprünglich mündlich vereinbart.

Der größte Brocken über 1.618,78 € kam zuletzt auf den OP-Tisch. Auch hier gab er mir Recht, dass wir uns vor Reparaturbeginn ausdrücklich auf 1.000 € geeinigt hatten.

Er habe sich eben im Preis verschätzt, startete er einen letzten, kläglichen Rechtfertigungsversuch.

Im Keim ersticken

Doch war er der Fachmann oder ich? So einigten wir uns dann doch auf zusammen 1.610,- €. Sofort setzte ich folgenden schriftlichen Vergleich auf:

Zum Schluss: Immer den dicksten Brocken nehmen

Vergleich

zwischen

Hans Peter ....

und

Wolfgang (Friedrich) Rademacher, ...

wegen

Rechnungen

02. 07.	116,11 €
28. 04.	1.618,78 €
18. 06.	250,00 €
21. 06.	788,12 €

Mit heutigem Datum wird ein Vergleich über die vorgenannten Beträge abgeschlossen.

Herr Rademacher zahlt einen Betrag von 1.610 € in 5 Raten, und damit sind alle Ansprüche, seien sie bekannt oder unbekannt, erledigt. 1 Rate 15. April .... In Höhe 322,- €.

59379 Selm, den 28. März .....

Unterschriften
Hans Peter ....   Wolfgang Rademacher

Wichtig: Immer gleich schriftlich festhalten

Beim Eintippen und wie selbstverständlich drückte ich meinem Geschäftspartner noch die Ratenzahlung mit aufs Auge. Erst zierte er sich wie eine Jungfrau, dann stimmte er meinem Vorschlag zu. Ein klasse Trick, den ich bei all meinen Ratenkäufen anwende:

Jetzt kam mein Sahnehäubchen

Im Keim ersticken

Zuerst jeden Cent für mich rausholen, wie ein Barzahler - und dann, wenn der Verkäufer glaubt, mich im Sack zu haben, bringe ich die Ratenzahlung[2] ins Spiel.

Bis auf ganz wenige Ausnahmen immer ein Volltreffer

In 98% der Fälle funktioniert das ausgezeichnet. Warum sollte ich es bei meinen Gläubigern anders machen? Wo doch auch hier die Erfolgsquote so hoch ist wie der Nutzen! Habe ich nämlich die Ratenzahlung durchgesetzt, kann ich diesen zusätzlichen Geldposten aus der Kasse für die laufenden Kosten bezahlen. Das tut zwar weh, ist aber immer noch bedeutend angenehmer, als an das Eingemachte zu gehen.

Stimmt doch! Oder?

> Nicht sein Leben einschränken, sondern den Gläubiger.
> - Frank Bieber -

Egal, ob Sie das Geld in der Ecke liegen haben oder gerade aus dem letzten finanziellem Loch pfeifen: Mit Ratenzahlungen gewinnen Sie Zeit und bekommen mehr Möglichkeiten, Ihren Verpflichtungen letztendlich nachzukommen.

Sie sehen, wie aktives Handeln zur rechten Zeit mir in diesem Falle hier alleine

Ein satter Rabatt

$$2.025{,}92 \text{ €}$$

erspart hat.

---

[2] In meinem Buch »Reich durch Vergleich« finden Sie noch andere ausgeschlafenere Tipps und Tricks

Im Keim ersticken

Und zwar nur durch Verhandlungen. Die haben mich zwar Nerven gekostet. Aber lieber Nerven als Geld!

Was ich nicht auszugeben brauche, das brauche ich nicht zu verdienen

<u>Und noch eine Erkenntnis, die Sie nutzen können: Gläubiger sind in einer solchen Lage froh, überhaupt noch Geld zu sehen!</u>

»Was man sagt, kann man auch schreiben«, lautet einer meiner Grundsätze. <u>Deshalb: Dokumentieren Sie jeden Vergleich^3 schriftlich. Und zwar sofort!</u> Denn nichts kann sich so schnell ändern wie das Denken eines Menschen. Vor allem, wenn dieser Mensch ein verärgerter Gläubiger ist.

Sofort machen - nie später

<u>Das Wichtigste bei solchen Vergleichen ist allerdings, dass sie von Ihnen eingehalten werden. Unbedingt!</u> Ein Mann, ein Wort! (Gilt auch für Frauen.)

Sollten Sie mal nicht zahlen können, dann einfach bei Ihrem Gläubiger anrufen. Es gibt auch noch andere geistreiche Möglichkeiten, die Sie bei zu hoher finanzieller Belastung einsetzen können. Es kann Sie keiner von raffinierten Umgehungen der Vereinbarungen abhalten. Nur Sie können sich selber davon abhalten

Sie können immer, allzeit und zu jedem Zeitpunkt aktiv werden und Vergleichs- oder Teilzahlungsverhandlungen mit Ihren Gläubigern aufnehmen.

Zu jeder Zeit können Sie

---

^{3} Nehmen Sie sich mein Buch »Die Macht des Schuldners« zur Brust, und Sie werden schnell ein Profi darin, Vergleiche erzielen.

Im Keim ersticken

Diese Chance dürfen Sie nie außer Acht lassen oder aus den Augen verlieren. Etwas im Keim zu ersticken ist meistens die bessere Lösung, als sich in langen Verfahren aufzureiben.

Versuchen Sie es doch mal! Und warum ersticken Sie Ihre geldlichen Probleme nicht im Keim?

Es ist egal ...

... welche Schulden bei Ihnen aufgelaufen sind: Sie müssen diese finanziellen Belastungen aus der Welt schaffen! Sie wollen doch wieder Lebensqualität genießen, nicht wahr? Lebensqualität heißt aber vor allem, ein möglichst unbelastetes Leben führen zu können.

Das ist dann nicht egal

Spielen Sie Schach? Auch ohne Großmeister zu sein wissen Sie bestimmt, dass Sie gegenüber Ihrem Gegner immer dann im Vorteil sind, wenn Sie seine Züge im Voraus kennen. - Im Gegensatz zum Spiel der Könige wird beim Spiel der Schuldner zwar mit verdeckten Figuren agiert, aber ansonsten ist auch hier vorausschauendes, strategisches Denken so gut wie alles. Der Gläubiger ist - bis auf ganz wenige Ausnahmen - immer im Nachteil, wenn er auf einen ausgeschlafenen Schuldner trifft. Glauben Sie mir: Ich spreche aus Erfahrung!

Selbst bei dem cleversten Gläubiger

Ein Schachspiel entscheidet sich meist schon in der Anfangsphase; das finale Schachmatt ist letztlich nur das Resultat einer langfristig angelegten Strategie. Das gilt auch für das »Schuldenschach«:

Es ist egal ...

Je besser Sie aufgestellt sind, desto größer ist die Aussicht, mit einem blauen Auge davon zu kommen. Dabei ist es egal:

- ob Sie sich geschäftlich verzockt haben;

- ob Sie von Ihrem Geschäftspartner hereingelegt wurden;

- ob Sie in die Verbraucherkonsumfalle getappt sind;

Sind Ihre Schulden auch dabei?

- ob Sie immer weit über Ihre wirtschaftlichen Verhältnisse gelebt haben und Sie nicht frühzeitig den Mut gehabt haben, die Reißleine zu ziehen;

- ob die Hausfinanzierung zu belastend ist, weil die Nebenkosten und die Reparaturen vorher nicht mit einberechnet wurden;

- ob Sie jetzt das Gefühl haben, dass Ihre Bank Sie aufs Kreuz legen will;

- ob Ihr Einkommen drastisch in die Knie gegangen ist, weil Ihre Firma aus dem letzten Loch pfeift;

Oder haben Sie ganz andere Schulden?

- ob Sie - noch schlimmer - gar arbeitslos geworden sind;

- oder ob Sie (erfahrungsgemäß eine der Hauptursachen) auf einem Berg von Unterhaltsverpflichtungen sitzen geblieben sind. Die natürlich das Resultat Ihres finanziellen Desasters sind.

Es ist egal ...

Partnerschaften zwischenmenschlicher oder geschäftlicher Art gehen meistens in die Brüche, sobald der finanzielle Wind rauer weht. Derjenige, der dann die schlechteren Nerven zeigt, macht sich meistens ratzfatz vom Acker. »Ich habe nicht gewollt, dass es so kommt«, lauten die breiigen Abschiedsworte dann, obwohl diese vermeintlichen Unschuldsengel kräftig daran beteiligt waren, dass es eben genau so gekommen ist.

> **Schulden: Nichts trennt mehr als Verbindlichkeiten.**
> - Ron Kritzfeld -

Der Beweis wird immer wieder geliefert

Unterhaltszahlungen haben auch mir den letzten Nerv geraubt. Das war noch zu DM-Zeiten. Anfangs konnte ich es mir leisten, Gebefreude zu zeigen: Wenn meine ehemalige Freundin mit meiner unehelichen Tochter auf dem Arm in meinem Büro stand, war es selbstverständlich für mich, einen großzügigen Scheck für den Unterhalt auszustellen. Zwar habe ich nicht regelmäßig Monat für Monat gezahlt, aber die Zeit doch immer mit größeren Beträgen überbrückt.

Das Scheckausfüllen war immer der Höhepunkt unserer kleinen Familientreffen. Von der unterzeichneten Zahlungsanweisung habe ich sofort eine Fotokopie gemacht, auf die meine Ex handschriftlich den Erhalt bestätigte. Das ging etliche Jahre gut; alle waren glücklich und ich aus dem Schneider. Dachte ich jedenfalls ...

Geld war da. Es wurde ohne Überlegung gezahlt

Es ist egal ...

Ein Sturm braute sich zusammen

Doch dann wurschtelte ich mich in eine wirtschaftliche Krise: Kunden, die nicht zahlten, rissen mich in den Abgrund. Ich konnte meine Unterhaltszahlungen einfach nicht mehr leisten und musste sie notgedrungen aussetzen.

Es dauerte natürlich nicht lange, und ich bekam Post vom Jugendamt Dortmund. Hier hatte mich die Mutter meiner Tochter angeschwärzt: Nicht einen Pfennig Unterhalt habe sie von mir bekommen. Und das würde sich auch in Zukunft nicht ändern. Ich fiel aus allen Wolken, als ich dieses Gruselmärchen las, und war sehr wütend.

Es wurde Zeit, Bilanz zu ziehen

Aber nicht mit mir!!! Alle unterschriebenen Scheckkopien hatte ich zum Glück in einem Hängeordner sammeln lassen. Durch meine beste Mitarbeiterin Marianne, die auch über 15 Jahre älter war als ich, ließ ich die Beträge addieren. Sie stürmte mit einem Rechenmaschinenstreifen und einer handschriftlichen Aufstellung aufgeregt in mein Büro.

Das hatte ich selber nicht geglaubt

»Radi, Du lässt Dich von dieser Frau über den Tisch ziehen!«, baute Sie sich entrüstet vor meinem Schreibtisch auf. »Wie meinst du das, Marianne?« Sie kam um meinen Schreibtisch herum und legte mir die Aufstellung vor. Die handschriftliche Aufstellung und der Rechenmaschinenabschnitt zeigten dasselbe Resultat: über 15.000 €! Sechs Jahre alt war meine Tochter erst.

Es ist egal ...

Aber ihre Mutter hatte inzwischen schon das Dreifache dessen eingestrichen, was ihr an Unterhalt zustand - ganz nebenbei. Ebenso nebenbei wurde das wohl großzügig übersehen. Und ich war über meine unbedachte Freigiebigkeit selber erstaunt.

Nun gut; ich hatte ein Vierteljahr nach der Geburt meiner Tochter zwar die

Beglaubigte Abschrift der vollstreckbaren Ausfertigung

vom Jugendamt der Stadt Dortmund erhalten. Doch bis dato hatte ich meine Unterhaltspflicht über die Scheckzahlungen erfüllt. Und Mutter und Kind waren dabei bestens gefahren, oder etwa nicht?

Eine Tretmine, die mir damals nicht bewusst war

Die sollten mich kennen lernen! Und nur noch den Regelsatz nach der Düsseldorfer-Tabelle kriegen. Gesagt - getan: Obwohl ich an das Jugendamt hätte zahlen müssen, bekam meine Ehemalige das Geld direkt. Die missvergnügten Briefe vom Amtsschimmel habe ich schlichtweg ignoriert.

Die amtliche Unterhaltstabelle

Post bekam ich zudem vom Amtsgericht. Nach jeder Regelunterhalts-Erhöhung teilten mir Justitias Diener mit, was ich ab dem nächsten Monat zu zahlen hätte. Genau diese Summe überwies ich auch - keinen Cent mehr! Der Überschuss aus den Anfangsjahren blieb so stets im Raum stehen.

Das kam so sicher wie der nächste Wetterumschwung

Zwei Jahre lang ging alles gut. Dann aber zwängten mich wirtschaftliche Probleme plötzlich wie ein Schraubstock ein.

Es ist egal ...

Warum sollte ich auch? Ich konnte keinen Cent mehr aufbringen. Ob ich ein schlechtes Gewissen bekam? Warum denn? Ich hatte doch anfangs den dreifachen Unterhalt gezahlt - und somit für ein gutes finanzielles Polster gesorgt.

> **Erfahrung vermehrt unsere Weisheit, verringert aber nicht unsere Torheit.** - Josh Billings -

Zwei Jahre hielt sich die andere Seite an den Waffenstillstand. Dann machte das Akten-Mausoleum mir per amtlichem Vordruck eine Rechnung auf: Mit 6.831,88 € sei ich im Rückstand. Ich sollte gefälligst wieder die monatliche Unterhaltsrente aufnehmen und außerdem mal eben den Rückstand begleichen. Keine Rede davon, dass ich aufgrund meiner anfänglichen Überschusszahlungen eigentlich gar nicht im Soll sein konnte.

Schicke nie den Bürger, wenn der Baron gebraucht wird

Mit meiner Beweis-Mappe kehrte ich einige Tage später in der Amtsstube ein. Ich hielt dem Sachbearbeiter die Kopien meiner Unterhaltsschecks hin. Und machte große Augen, als mir der Schreibtischathlet erklärte, dass diese Schecks für seine Behörde nicht als Unterhaltszahlungen zählten. Denn es sei zwar die Unterschrift der Mutter auf der jeweiligen Scheckkopie, doch stände darauf nichts von erfolgten Unterhaltszahlungen.

So könnten die Schecks nur als Darlehn an die Mutter gewertet werden. Doch dann machte er mir einen grandiosen Vorschlag:

Es ist egal ...

»Nehmen Sie doch die monatlichen Unterhaltszahlungen wieder auf, und leisten Sie kleine Raten von 25 € auf die ausstehenden Zahlungen. Denn der für das Jugendamt offen stehende Betrag braucht nicht verzinst zu werden.« Weiter erklärte er mir: »Wenn Ihre Tochter dann volljährig ist, können Sie mit der Mutter ja den Rest über das sogenannte Darlehn abrechnen.«

Ein sehr guter Tipp, der sich noch bezahlt machen sollte

Jetzt ließ ich bei der Übergabe des Schecks noch ein verfeinertes Schreiben unterschreiben, durch das ich alle Eventualitäten konsequent ausschaltete.

                    Wolfgang Rademacher

Stadt Dortmund
- Jugendamt -
Straße

Plz Dortmund

                Plz, Ort, den 11. November ....
                Meine Straße 75

Jetzt habe ich es bombensicher gemacht

Angelegenheit Name meiner Tochter
Aktenzeichen 45/2 63-0897-04
<u>Unterhaltszahlung für ....</u>

Sehr geehrter Herr Sachbearbeiter,

hiermit bestätige ich Herrn Wolfgang Rademacher, dass er mir den Unterhalt für unsere Tochter in Höhe von 750,- € für die Monate August und September .... übergeben hat.

Dazu kommen 50,- € Abtragung des vom Jugendamt als offen angesehenen Unterhalts.

Ich bitte das Jugendamt nach Zusendung dieses Schreibens die Beträge dem Unterhaltskonto gutzuschreiben.

Mit freundlichen Grüßen

Vorname und Name der Mutter

Es ist egal ...

Alle wurden informiert

Zwei Exemplare ließ ich mir unterschreiben: Eines wanderte in meine Akten, und das andere wurde dem Jugendamt zugesandt.

Klar, dass ich oft genug gezwungen war, die Zahlung zu verzögern. Denn manchmal fehlte mir einfach das Geld. Dieses System der gestreckten Zahlung funktionierte über drei Jahre. Das heißt: Ich ließ schon mal den einen oder anderen Monat aus. Wobei es noch immer kein Schwein juckte, dass ich anfangs mehr bezahlt hatte, als ich musste.

Eine neue Erfahrung war das für mich

Dazu tat die Frau meiner Alpträume wieder das, was sie am liebsten tat: sich bei den Beamten über mich beschweren. Ich sei ja mal wieder mit meinen Zahlungen im Rückstand. Nun tat das Jugendamt das, was es am liebsten tat: mir Zahlungsaufforderungen schicken. Da ich zunächst nicht darauf reagierte, flatterte mir der Termin für die Eidesstattliche Versicherung (EV) ins Haus. Das konnte das Jugendamt tun, weil es mir gleich zu Anfang der Unterhaltszahlungen die Verpflichtung zur Erfüllung der Unterhaltsansprüche - Regelunterhalt - (nichtehelich) als beglaubigte Abschrift der Vollstreckbaren Ausfertigung zugestellt hatte.

Doch ich reagierte gleich

Sofort setzte ich mich erneut mit dem Sachbearbeiter in Verbindung. Ihm versprach ich, jetzt wieder zu zahlen. Ich hielt Wort, und er hob umgehend die Ladung zur EV auf. Natürlich durch Stellung eines Antrages bei der zuständigen Amtsgerichtstelle.

Es ist egal ...

Doch wen die Stempelschwinger erst mal auf dem Kieker haben ... Meine Einkünfte sollte ich von Amts wegen offen legen. Nun, das habe ich getan - oder auch nicht: ganz so, wie ich es für richtig gehalten habe. In der ganzen Zeit, in der ich Unterhalt zahlte, hat das Amt zweimal Klage auf Einkommensauskunft beim Amtsgericht gegen mich eingereicht. Und zweimal wurde die Klage wieder zurückgezogen, weil ich die Formulare ausgefüllt zurückgeschickt hatte.

Ich sollte die Hosen herunterlassen

Neue Besen kehren gut. Und radikaler. Als im Jugendamt nach einiger Zeit solch ein neuer Besen ein-»kehrte« - in Form einer forschen Sachbearbeiterin -, frischte der Gegenwind auf. Der Besen wollte doch tatsächlich meine Einkommensteuerbescheide sehen. Diesem Willen habe ich mich oft genug erfolgreich widersetzt. Und nur, wenn es sich überhaupt nicht vermeiden ließ, habe ich fünf bis sechs Jahre alte Bescheide vorgelegt und hatte dann zunächst wieder mal Ruhe vor diesem Quälgeist.

Der Wechsel ist immer ein heißes Eisen

Zwischendurch habe ich von dieser Behörde meinerseits Initiative gefordert - in Form einer Zahlungsaufstellung. Die bekam ich; sogar ohne Murren und Knurren. So konnte ich meinen Zahlungsstand abgleichen und war beim Taktieren immer bestens informiert.

Ich wollte ebenfalls immer auf dem Laufenden sein

So gingen über 18 Jahre ins Land. Schneller als gedacht war meine Tochter volljährig, und das Jugendamt präsentierte mir die »Abschlussrechnung«.

Es ist egal ...

Punktgenaues Ergebnis

Sie stimmte mit den anderen Aufstellungen des Jugendamtes punktgenau überein. Was die Restzahlung anging, war ich mit 11.332,19 € im Rückstand. Bingo! Bis auf ein paar Gequetschte war's genau der Betrag, den ich gutgläubig im Vorhinein bezahlt hatte.

> **Erfahrung besteht darin, dass man erfährt, was man nicht zu erfahren wünscht.**
> - Kuno Fischer -

Meine Karten waren jetzt schon besser

Nun erfüllte mich doch ein gewisser Stolz. Denn dank meines geschickten Manövrierens konnte ich nun mit der Mutter meiner Tochter abrechnen - genau so, wie es mir mein Sachbearbeiter einst freundschaftlich geraten hatte. Jetzt wäre es an meiner Ex selbst gewesen, mich wegen der restlichen Moppen zu verklagen - das Amt war endgültig außen vor!

Nun sah meine »Alte« wirklich alt aus. Denn die bequemen Zeiten waren ja dahin. Bis dahin hatte sie sich - wenn ihr was nicht passte - beim Jugendamt ausheulen können, das dann sofort alle Knebel in Bewegung setzte, nur damit ich blechte. Aus und vorbei!

Von den Toten auferstanden

Jahrelang hatte es meine frühere Flamme nicht für nötig befunden, direkt mit mir zu reden. Doch jetzt, kaum anderthalb Monate später, bekam ich folgenden handschriftlichen Dreizeiler von der Mutter:

Es ist egal ...

Hallo Wolfgang!

Würdest Du Dich bitte wegen des restlichen Unterhalts für ... mit mir bis zum 10. 11. .... in Verbindung setzen.

Mit freundlichen Grüßen

Ein Einzeiler mit klaren Anweisungen

Noch nicht mal ein Anruf! Ein unpersönliches Einschreiben mit Rückschein, den ich dem Postboten überdies quittieren musste.

Zwei Tage vor Ablauf des Termins schrieb ich ihr zurück:

Hallo .... !

Gemäß Deinem Brief habe ich mich jetzt mit Dir fristgerecht zum 10. November .... in Verbindung gesetzt. Allerdings verstehe ich nicht, warum Du mich nicht angerufen hast.

Am besten ist es, dass wir uns zu einem persönlichen Gespräch treffen.

Rufe mich deshalb bitte unter der Telefonnummer .... / .... An.

Mit freundlichen Grüßen

Ich kam meiner Pflicht nach

Und wirklich: Kaum 24 Stunden später klingelte mein Telefon: Sie war es tatsächlich! Nach einem ersten »Wie geht's dir?« vereinbarten wir ein persönliches Gespräch: gleich für den darauf folgenden Montag, zur Mittagszeit, auf halber Strecke.

Mit einer so schnellen Reaktion hatte ich nicht gerechnet

Und dann saßen wir uns wirklich gegenüber! Die Begrüßung war zwar freundlich, aber dann kam meine Ex schnell auf den leidigen Punkt: Sie forderte den Betrag, den das Jugendamt ausgewiesen hatte.

Es ist egal ...

»Das Geld hast du doch schon in den ersten Jahren bekommen. Oder stimmt das etwa nicht?«, ging ich dazwischen.

Das hätte ich nicht für möglich gehalten

»Ja, aber das Geld habe ich schon ausgegeben«, kam die vorwurfsvolle Entgegnung. Ich schmunzelte: »Das ist doch nicht mein Problem. Wenn du das Geld haben willst, dann musst du mich verklagen. Eines sage ich dir aber gleich: Selbst wenn du den Prozess gewinnen solltest - von mir wirst du keinen Cent mehr kriegen. Denn als ich selber in Schwierigkeiten steckte, hat sich auch keiner bei mir gemeldet oder ein wenig Rücksicht gezeigt. Du weißt ja selber, dass ich durch meine Zahlungen - gerade am Anfang! - meinen Unterhaltsverpflichtungen vollständig nachgekommen bin.«

Ich sollte nun das Unterfangen finanzieren - so dachte man

»Unsere Tochter will aber doch jetzt ihren Führerschein machen. Dazu braucht sie das Geld.« «Ist Sie gesund und hat sie Arbeit?« »Ja, warum fragst du das jetzt?« »Dann soll sie sich den Führerschein zusammensparen, so wie ich es in meinen Leben auch selbst geschafft habe!« Das war wohl zu viel - sie starrte mich mit entgeisterten Gluckenmutteraugen an.

Aus dem Konto, aus dem Sinn

Übrigens sollte ich nicht nur für den Führerschein die Melkkuh spielen, sondern hinterher auch noch das Auto springen lassen. Auch diese Dreistigkeiten wurden von mir mit Hinweisen auf Arbeit, Gesundheit und Sparen abgeblockt. Seitdem habe ich nichts mehr von der ganzen Sippe gehört.

Es ist egal ...

Man muss es nur wissen

Erst aus heutiger Sicht ist mir klar geworden, wie geschickt ich eigentlich taktiert habe. Es war ein Tanz auf dem Vulkan, immer knapp am Kraterrand der Eidesstattlichen Versicherung und der Zwangsvollstreckung entlang. Doch durch Nervenstärke und Initiative bin ich immer mit heiler Haut davon gekommen.

> **Die Erfahrungen sind die Samenkörner, aus denen die Klugheit emporwächst.**
> - Konrad Adenauer -

Jede Möglichkeit ausschöpfen

Und was ich konnte, können Sie auch! Geht es bei Ihnen finanziell gerade eng zu? Dann machen Sie es so, wie ich es Ihnen in diesem Kapitel geschildert habe. Denn unterm Strich interessiert es niemanden, wie ausgekocht und ausgefuchst Sie sich durch das Labyrinth der Gesetzgebung geschlängelt haben - Hauptsache, sie haben es geschafft![4]

Angst und Geld habe ich noch nie gekannt

Nur eines dürfen Sie nie: sich hängen lassen! Und Sie dürfen niemals Angst davor haben, mit der Gegenseite Kontakt aufzunehmen. Dabei ist es egal, wie groß die ausstehende Summe ist.

---

[4] Den Rücken für ausgeschlafene Lösungen müssen Sie sich allerdings frei halten. Nutzen dafür das Wissen aus »Mach Pleite und starte durch« Dann sind Sie auch unverwundbar.

Es ist egal ...

Immer und immer wieder

<u>Machen Sie sich meinen Grundsatz zu Eigen: Es kommt nicht darauf an, WIE Sie die Zwangsvollstreckung verhindern - sondern DASS Sie sie verhindern!</u> Geben Sie daher die Initiative niemals aus der Hand! NIEMALS! Schließlich geht es ja um Ihr Geld.

Also, gehen Sie auf Ihren Gläubiger zu - egal in welcher Phase. Scheitert die Kontaktaufnahme, versuchen Sie es wieder. Wieder. Und wieder! Die besseren Ergebnisse bekommt schließlich nur der, der die besseren Nerven hat. Wenn Sie also zur Vordertür herausgeschmissen werden, dann klopfen Sie wieder an die Hintertür!

Sie ahnen wahrscheinlich gar nicht, welche Macht Sie als Schuldner haben. Dazu gehört auch der gezielte Tabubruch. Nutzen Sie die Gesetzeslage gnadenlos für sich aus. Das Einzige, was man nicht machen kann, ist zu sagen: »Das kann man doch nicht machen!«

Und brauche dafür auch keine Steuern zahlen

Wenn immer ich mich heute vergleiche, kann ich mir sicher sein: »Was ich nicht ausgeben brauche, das brauche ich auch nicht zu verdienen!«

Und wie sehen Sie das?

Nachgelesen:

> **Unterhalts-Urteil**
> **Koblenz** - Ist das Sozialamt für einen unterhaltspflichtigen Ehemann „eingesprungen", so darf die Behörde ihn nicht ohne weiteres zur Kasse bitten. Das Amt muss vielmehr beweisen, dass er durch die Rückerstattung nicht selber sozialhilfebedürftig wird. Oberlandesgericht Koblenz, Az 13 UF 950/98

Kaum zu glauben

Ob Sie das S in »**S**chulden« mit **S**orgen gleichsetzen oder mit **S**ause - es liegt an Ihnen. Sie ahnen ja gar nicht, was für Möglichkeiten Sie haben, bevor es überhaupt zur Zwangsvollstreckung kommt! Natürlich sollen Sie Ihre Verbindlichkeiten möglichst regeln. Aber tun Sie das bitte nicht mit flatternden Nerven, sondern ebenso cool, wie Sie die Schulden einst gemacht haben.

Alles ist möglich

> **Ereignisse sind nur die Schale der Ideen.**
> **- Edwin Hubbel Chapin -**

Warum das vielen Schuldnern so schwer fällt? Es mag daran liegen, dass das Anhäufen von Miesen so bequem wie eine Komfortreise im ICE vonstatten geht - ihr Abbau aber eher dem Höllentrip in einem rappelnden Güterzug gleicht. Es sei denn, Sie beherzigen, was in diesem Buch steht.

Die Rückfahrt soll doch auch angenehm sein! - Oder?

Denn mit dem Wissen aus »Schach der Zwangsvollstreckung« können Sie zumindest in die zweite Klasse umsteigen. Mehr noch:

Kaum zu glauben

Wenn Sie zu den Pfiffigen zählen, erreichen Sie das gelobte Land der Schuldenlosigkeit sogar ebenso behaglich wie den Schuldenberg, der Sie jetzt noch zu erdrücken scheint.

War schon ein großes Früchtchen

So wie einer meiner früheren Geschäftspartner. Abgebrüht wie ein Wiener Würstchen hatte er ein unglaublich gewieftes Schulden-Finanzierungs-System entwickelt. Jetzt sollten Sie gut aufpassen:

Ich traf ihn, weil ich in seinem Betrieb die Einführung des Computerzeitalters begleitete. Man konnte ihn getrost als »altes Schlitzohr« titulieren, obwohl er damals erst 31 Lenze zählte. Er führte an einer Autobahnausfahrt einen gut laufenden Anhängervertrieb und verkaufte gleichzeitig gebrauchte Autos der mittleren und gehobenen Klasse.

Onassis lässt grüßen

Die Autos - eigentlich nicht mehr als Kernschrott auf vier Rädern - kaufte er günstig auf, um sie anschließend mit Gewinn zu verscherbeln. Natürlich ohne überhaupt eine einzige Reparatur dafür investiert zu haben. Stolz war er auf seine weit über tausend nagelneuen Pferdeanhänger auf seinem Verkaufsgelände. Jedem, der es hören wollte, erzählte er, dass alle Anhänger bezahlt seien. Und jedem, der es sehen wollte, zeigte er sein großes Bündel an Geldscheinen, das er ständig in der Tasche mit sich führte.

Kaum zu glauben

Zuerst war ich schwer beeindruckt: Meister Protzig beglich meine Rechnungen überpünktlich, per Vorkasse oder in bar. Wie schaffte der Jungspund das nur? Und was hatte ich in meinem Leben bloß falsch gemacht?

Über die Antwort stolperte ich fast nebenbei: beim Einrichten seiner PCs. Da war es: sein grandioses Finanzierungssystem.

Selbst ich, der beileibe schon mit vielen Wassern gewaschene Schulden-Torero, bekam riesengroße Augen, als ich hinter sein System kam. Drei propenvolle Aktenordner bargen das Geheimnis seines Erfolges - und das seiner »bezahlten« Anhänger und anderer Verkaufsgegenstände gleich mit.

Ein juristischer Leckerbissen

Es war kaum zu glauben: Der Anhänger-König war ein Anhänger nassforschen Gläubiger-Foppens! In allen drei Ordnern harrten Versäumnisurteile gegen ihn oder Ratenzahlungsvergleiche ihrer Entdeckung, fein säuberlich nach dem ABC eingeteilt. Hinter jedem Buchstaben verweste eine Verbindlichkeitsleiche. Und er hatte das Gläubiger-Alphabet von A bis Z ausgenutzt - inklusive aller Umlaute. Nur das ß fehlte in der Geldgeber-Parade.

Er hatte keinen ausgelassen

Das Erstaunliche: In mickrigen drei Heftordnern steckten vollstreckbare Titel für Millionen an Schulden! Bei wem stand er nicht alles in der Kreide:

Kaum zu glauben

Und noch mehr wurden von ihm ganz locker ausgebremst!

- Banken und Sparkassen;
- Lieferanten jeglicher Art;
- Kreditkarten- und Leasingfirmen;
- Büroartikel- und Industrieversender;
- Rechtsanwälte und Justizbehörden;
- sowie bei unterschiedlichsten Gläubigern aus den Dunkel-Munkel-Schichten der Gesellschaft, die ich nicht noch näher beschreiben muss - versteht sich doch von selber, oder?

Er war lustig, listig und für jeden Spaß zu haben

Er machte aus der Schuldenlast eine Schuldenlust. Sein Portemonnaie wurde niemals leer. Wein, Weib und Gesang liebte er sehr und hatte dennoch noch nicht mal die EV abgeben müssen. Das finden Sie dreist? Warten Sie's ab - das Beste kommt noch:

Sobald frisches Geld hereinkam, zahlte er seine Raten. Immer pünktlich zum fälligen Zeitpunkt. Das tun andere Schuldner zwar auch - er aber war so ausgekocht, dass er die Vereinbarungen mit seinen Gläubigern im Nachhinein und ohne Absprache zu seinen Gunsten zurechtbog. Er passte die Raten also seinem Ausgabewillen an - und nicht umgekehrt. Davon konnte selbst ein Schuldenprofi wie ich noch einiges lernen!

Viele Titel waren amtlich

Sie wollen sein System besser verstehen? Hier ein Beispiel: Fischen wir deshalb mal einen x-beliebigen Gläubiger aus der Akte. Vielleicht mit dem Buchstaben »Ü« wie Herr Überraschung!

Kaum zu glauben

Sein System der kreativen Schuldentilgung

In dieser Schuldenleichenakte lag ein vollstreckbarer Titel aus einem rechtskräftigen Urteil - verkündet vom zuständigen Landgericht - in Höhe von sagen wir mal 80.000 €. Ausnahmsweise kein Versäumnisurteil. In der Gerichtsverhandlung hatte der Anhänger-König Ratenzahlung vereinbart. 4.000 € sollten es pro Rate sein, 20 Monate lang, fällig jeweils zum 20. des Monats. So berappte er dann pünktlich zum vereinbarten Zahlungstermin:

Das war die Theorie ...

1. Rate: volle, schmerzende 4.000 €
2. Rate: machbare 2.000 €
3. Rate: abgezockte 1.000 €
4. Rate: unverschämte 500 €
5. Rate: verhohnepipelnde 250 €

Zum guten Schluss zahlte er nur noch:

      läppische 50 € pro Monat.

Der Gipfel

Aber spätestens dann wird Herr Überraschung (und jeder andere aufgelaufene Gläubiger) doch wohl Vollstreckungsmaßnahmen eingeleitet und den Gerichtsvollzieher vorbei geschickt haben, oder? Wo denken Sie hin!? Raten wurden ja gezahlt! Und beschwerte sich tatsächlich mal ein Geldgeber, wurde er sofort vom Anhänger-König angerufen. Der heulte ihm dann ihm die Hucke voll, wie schlecht die Geschäfte doch laufen würden. Und vertröstete seinen Gläubiger erfolgreich auf »gute« Zeiten, die sicherlich bald wiederkämen.

Das auf ganz nette Art und Weise

Kaum zu glauben

Natürlich - er kann nicht nur Schrottautos verkaufen, sondern vor allem sich selbst. Um keine Ausrede ist er verlegen.

Viele hatten einen Narren an ihm gefressen

Und sollten Sie denken, dass die gefoppten Gläubiger den Glauben an ihn verloren haben - i wo: Die meisten beliefern den Filou nach wie vor - gegen Barzahlung. Manche nach einiger Zeit sogar wieder gegen Rechnung. Auch aufgelaufene Juristen, Rechtsanwälte etwa, arbeiten mit ihm zusammen. Was die Aussicht auf bessere Zeiten doch so alles bewirkt ...

Jetzt verstand auch ich die Werbung von Toyota

Die ganzen zwei Jahre, die ich mit ihm zu tun hatte, hat er derart unverfroren und abgezockt mit Lieferanten und Gläubigern Katz und Maus gespielt. Zudem mit allem Komfort gewohnt. Immer die teuersten Toyota Landrover gefahren - denn »Nichts ist unmöglich«. In S(chm)aus und Braus hat er sein Leben genossen. Und somit sicherlich besser als seine Gläubiger.

Mit mir wollte der Schlawiner allerdings keinen Ärger haben. Mein Geld hat er mir daher immer sofort auf den Tisch gelegt oder spätestens nach einer Woche überwiesen. Und wenn wir tatsächlich mal Zahlungsziele ausgehandelt hatten, hat er die geradezu bilderbuchmäßig eingehalten.

Da waren noch mehr Leichen im Keller

Ob er sein Finanzierungssystem von vorneherein so ausgebufft gestalten wollte? Ich glaube nicht. Aber er hat, als es nicht anders ging, alle Register gezogen, um der EV zu entgehen.

Letztlich hat er sie doch noch abgegeben - um sich ganz anderer Probleme zu entledigen.

Sie sehen: Im Kampf »Vollstreckbarer Titel« gegen »Gemütsruhe« siegt das bessere Nervenkostüm. Dieses Kleidungsstück hat besonders große Taschen, in die Sie Ihre Gläubiger stecken können. Es ist immer besser, so etwas zu wissen, bevor Sie in die Schuldenfalle getappt sind.

Denn in der Ruhe liegt die Kraft

Einer meiner anderen Geschäftspartner hat es als Schuldner geschafft, seiner ehemaligen Sparkasse seit über drei Jahren keinen müden Cent zurückzuzahlen.

Jahr für Jahr das gleiche Lied: Der Zahlungstermin wird fällig - mein Schuldenkünstler bittet das Institut schriftlich darum, die bereits vereinbarte Zahlungsaussetzung zu verlängern - postwendend kommt die Zusage, weiterhin stillzuhalten.

Warum machen Sie sich noch verrückt?

Seit 4 (vier!) Jahren ist kein Geld geflossen, sondern nur Tinte für den Briefwechsel. Dabei geht es nicht etwa um ein paar Kirmesgroschen, sondern um satte 155.000 €. Diese Miesen sind durch Zinsen inzwischen sogar noch praller geworden. (Auf die Summe X, um die letztlich verhandelt wird, kommen wir später zu sprechen.) In all den Jahren ist jedoch nichts Wesentliches passiert, und der Schuldner genießt sein entspanntes Leben bislang freudig und in vollen Zügen.

Warum auch nicht?

Kaum zu glauben

Jetzt wurde nur der Gegner gewechselt

Mittlerweile hat die Sparkasse den auf 201.000 € angewachsenen Betrag an ein Inkassounternehmen verkauft. Kein Grund zur Panik: Um einen tragbaren Vergleich wird dann eben mit neuen Geschäftspartnern gefeilscht - brieflich, im Schneckentempo.

Aber das ist fast gar nichts, verglichen mit seinem Super-Coup mit einer Hypothekenbank.

Erst verkaufte er die Bude

Es ging um stolze 286.365 € Soll für gerade mal 65 m² Wohneigentum. Der Verkauf der überteuerten Wohnung brachte ihm lediglich 120.000 €. Die restliche Summe schaffte er durch einen Vergleich mit der Hypothekenbank aus der Welt - ein Vergleich, der seinesgleichen sucht.

Sitzen Sie gut, liebe Leserin, lieber Leser? Das hoffe ich doch. Denn jetzt werden Ihnen garantiert die Knie weich:

Dann rechnete er ab

Für lachhafte

1.000 € - eintausend Euro -

Restzahlung wurde ihm der noch offene Betrag von über 166.000 € erlassen! Zahlbar 3 Monate nach Unterzeichnung des Vergleichs! Es interessiert Sie brennend, wie dieser traumhafte Vergleich herbeigezaubert wurde und warum er funktionierte? Das erfahren Sie etwas später. Versprochen!

Wann rechnen Sie mit Ihren Gläubigern ab?

Sie sehen, Gottes Kredit ist die Zeit. Warum gönnen Sie sich von diesem kostenlosen Kreditkuchen nicht auch noch ein großes Stück?

Das Gehelmnis von Summe „X"

Das Geheimnis von Summe „X"

Kommen Sie ins Schwitzen, weil kleine Verbindlichkeiten zu großen Schulden ausgeufert sind? Fühlen Sie sich in die Tiefe gerissen durch den Strudel Ihrer Alpträume, in denen ein schier nicht abzutragendes Schuldengebirge Ihnen jegliche Aussicht auf ein schönes Leben nimmt? Machen Sie Ihrem Gläubiger Versprechungen, die Sie niemals halten können? Und taumeln Sie als seelisches und körperliches Wrack durchs Leben, weil Sie zu fühlen glauben, dass die ganze Welt gegen Sie ist?

Es ist meistens nur die Unwissenheit

> **Die meiste Zeit geht dadurch verloren, dass man nicht zu Ende denkt.** - Alfred Herrhausen -

Pustekuchen: Der Rest der Menschheit hat so viel mit seinen eigenen Problemen zu kämpfen, dass er für Ihre Angstzustände kein Interesse aufbringt. Und erst recht keine Zeit.

Darauf können Sie sich voll verlassen

Das Geheimnis von Summe „X"

Haben es aber selber angezettelt

Immer, wenn ich mit meinen Schuldenschäfchen spreche oder telefoniere, maulen sie über unberechtigt steigende finanzielle Belastungen und Aufschläge. Die haben in ihrer Fantasie schon astronomische Ausmaße angenommen; dabei reichen sie tatsächlich erst bis zur Dachrinne.

Tun mir alle richtig Leid

Sie sind noch nicht einmal gestrandet. Dennoch wollen diese Schuldenbarone in ihrem Übereifer schon mal eine Sturmflut bekämpfen, obschon es gerade mal nieselt. Tun zugleich aber nichts, überhaupt nichts, um die richtigen Weichen zu stellen. Wollen jedoch in Gedanken bereits Himmel und Erde in Bewegung setzen, um imaginäre Zinsen und Kosten auszurechnen. Folge: Angstschweiß tritt auf ihr Gesicht - nebst dem gärigen Ausdruck von Sauertöpfigkeit.

Bei meinen Telefonaten winselt eine fast schon weinerliche Stimme aus dem Hörer. Ausnahmslos allen Schuldnern wäre es lieb, wenn sie für die von ihnen verursachte Lage (von »Schaden« will ich nicht reden) die Lossprechung erhielten. Wie Unschuldslämmchen, die nun nur noch den großen Gläubigerwolf vor Augen haben und sich dabei vor Angst fast in die Hose machen.

Was ist denn das?

Diesen Kuschel-Schuldnern erwidere ich dann: »Egal - wichtig ist doch, wie hoch die

Summe „X"

ist, die dasteht, wenn am Ende abgerechnet wird.«

Das Geheimnis von Summe „X"

Nicht nur am Telefon macht sich dann immer Schweigen breit: Sitzen mir diese Rückstandsjongleure gegenüber, schaue ich in ganz erstaunte Gesichter. Dabei kann ich ihre Gedanken förmlich herumirren hören: »Was will der denn damit bloß sagen?« Und schon kommt nach kurzer Verlegenheitspause verwundert die Frage:

»Was ist denn die Summe „X"?«

»Die Summe „X" ist der offene Betrag, der zum Schluss mit Ihrer Sparkasse, Bank oder Ihren Gläubigern abgerechnet wird. Also der Betrag, der zwischen der bis heute aufgelaufenen Schuldsumme und dem schlussendlich abgerechneten Betrag liegt. Diese nicht bezahlte Differenz, das ist die Summe „X". Dabei ist es dann egal, wie hoch die Summe „X" ist. Sie müssen nur unbedingt alle Vorsichtsmaßnahmen ergreifen und sich rechtlich so eingerichtet haben, dass der Gläubiger nicht auch an Ihr restliches Hab und Gut kommen kann.«

Jetzt gebe ich Ihnen mein Geheimnis preis

> **Zeit ist Geld. Aber nur, wenn man keine Zeit hat.**
> - Herbert A. Frenzel -

»Aha!« Mehr bringen meine Gesprächspartner meist nicht heraus. Weil eben die Wenigsten den Sachverhalt auf Anhieb richtig verstehen. Selbst die meisten Rechtsanwälte und Steuerberater nicht.

Die Ansicht ist aus einer anderen Liga

Das Geheimnis von Summe „X"

Das staunt selbst der Fachmann

Ja, sogar dann, wenn sich solche Fachgrößen tief in meinen Büro-Ohrensessel sinken lassen, kommen sie aus dem ebenso schlecht heraus wie aus dem Staunen über meine Art, Schulden zu bewerten.

Über drei Jahre lang habe ich ein Statiker-Ehepaar betreut, das sich bei der Tragfähigkeit seiner Immobilienfinanzierung übel verrechnet hatte. Verschuldet waren beide bis über alle vier Ohren. Ihre vier Häuser waren so hoch finanziert, dass sie selbst noch für den Heizungsqualm blechen mussten. Dann nahm ich meine Beratung auf.

Mit starren Ansichten völlig vernagelt

Die Häuser waren wirtschaftlicher Ballast, doch den wollten beide nicht loslassen. Zunächst jedenfalls. Doch nach einigen Gesprächen bröckelte zuerst die Ansicht des Ehemanns und dann die Wohlstandsillusion der Gattin. Beide saßen in meinen lederbezogenen braunen Ohrensesseln und bekamen vor Staunen den Mund nicht mehr zu, als ich ihnen ein Angebot machte, das sie - wie beim »Paten« - nicht ausschlagen konnten:

»Wollen Sie:

1. Ihre Lebensqualität wiederhaben

Alle wollen immer nur die Nummer 1

oder

2. Knechte Ihrer Sparkassen, Banken oder Gläubiger sein?«

Beide stimmten unisono dieselbe Antwort an:

Das Geheimnis von Summe „X"

»Natürlich wollen wir wieder mehr Lebensqualität haben.« Dabei sahen sie sich tief in die Augen, bevor die nächste Frage kam:

»Was machen wir denn dann mit dem restlichen Schuldenberg, wenn wir den ganzen Häuser-Ballast los sind?« »Über diese Summe „X" unterhalten wir uns ganz zum Schluss, wenn wir das finanzielle Schlachtfeld aufgeräumt haben«, beruhigte ich sie. Beide haben dann ihre Brocken noch zu guten Preisen verkauft - trotz schlechter Wirtschaftslage. Sie sind aus dem fehlfinanzierten Anderthalb-Familienhaus in eine zwar gemietete, aber komfortable Wohnung in einer exklusiven Wohngegend umgezogen.

Erst aufräumen, dann abrechnen

> **Zeit ist Geld. Eine harte Währung ohne Konvertibilität.**
> *- Jeannine Luczak -*

Es ist die härteste Währung der Welt

Seitdem sind drei Jahre vergangen. Drei Häuser sind verkauft worden - natürlich mit Verlust. Gewinn haben sie aber bei der Lebensqualität gemacht - und ihre Verbindlichkeiten drücken können: auf 400.000 €!

Das ist die berühmte Summe „X", die nach dem Chaos übrig geblieben ist. So haben wir uns zu einem ersten Klärungsgespräch beim Gläubiger, einer Sparkasse, zusammengefunden. Dort haben wir die Hoffnungen der Banker, die vollen 400.000 € bekommen zu können, auf 30.000 € Restzahlung heruntergestutzt. Wegen der »schlechten Zeiten«, versteht sich.

Da wurden Schuldneraugen ganz groß

Das Geheimnis von Summe „X"

370.000 € in den Kamin schreiben zu müssen - darüber mussten die schockierten Herren jedoch erst mal in Ruhe nachdenken.

So eine Ansicht kannten er und die Gattin noch nicht

Als wir die Sparkasse verließen, trug ich der Ehefrau eine Hausaufgabe auf: Sie solle doch mal eine Aufstellung jener Zinsen machen, die sie der Sparkasse bereits gezahlt hatten. Das war schnell erledigt: Weit über 500.000 € hatte das Geldinstitut in gut 20 Jahren an ihnen verdient.

Also, wenn das keine wirksame Waffe für das Endabrechnungs-Duell war! Das, so meine Forderung, sollten sie beim nächsten Gespräch mit der Bank unbedingt ins Feld führen. Nicht allein in guten Zeiten sollten Geschäftspartner zueinander stehen, sondern gerade auch in schlechten. Oder?

Das versteht doch jeder. Oder?

Gesagt, getan: Beim nächsten Bankgespräch, fast ein Jahr später, ließ die Ehefrau, die jetzt einen erheblich besseren buchhalterischen Durchblick hatte, diesen eindrucksvollen Zinssatz aus dem Sack. Das war der Durchbruch - und die Tatsache, dass es bis Weihnachten nicht mehr lange hin war: Die Banker stimmten dem Vergleich von 30.000 € in fünf jährlichen Raten zu je 5.000 € zu - prinzipiell. Sie baten sich aber Bedenkzeit aus. In der Zwischenzeit sollte das Paar eine Aufstellung seiner wirtschaftlichen Verhältnisse machen.

Hier war die Falle aufgestellt

Die beiden tappten in die Falle: Ohne sich mit mir abzusprechen, reichten sie die geforderte Aufstellung ein.

Das Geheimnis von Summe „X"

Sie legten - aufrichtig, wie sie waren - sogar Fakten offen, für die sich die Sparkasse gar nicht interessierte.

So witterten die Banker Morgenluft. Es kam, wie es kommen musste - in Form einer neuen, deutlich höheren Bankforderung: Das Ehepaar sollte nun 150.000 € berappen, gestreckt auf fünf Jahre. (100.000 € aus den Mieteinahmen des voll finanzierten Hauses und 50.000 € auf fünf Jahre.)

Jetzt war Not am Mann

Über diese Wendung wurde ich empört informiert. Eine Sauerei sei das! Auf meine Frage, warum sie denn eine solch frank und freie Aufstellung[5] überhaupt abgegeben hätten, obwohl ich ihnen zuvor ausdrücklich davon abgeraten hatte, kam es verbittert aus dem Telefonhörer: »Wir wollten doch nur ehrlich sein. Und jetzt das!«

Immerhin: noch ein gutes Geschäft!

Beim Blick auf den mir zugefaxten Schriftverkehr schlug ich entsetzt die Hände über dem Kopf zusammen. Da hatten wir's wieder: Der Kluge lebt von dem Dummen - und der Dumme lebt, um zu arbeiten. Zurzeit setzen wir gemeinsam alles daran, die Folgen diesen kleinen, aber teuren »Blackouts« wieder auszubügeln. Was aber, wenn das in die Hose gehen sollte? Dann hätte das Ehepaar immer noch 250.000 € gespart.

---

[5] Damit Ihnen nicht dieselben Dummheiten unterlaufen, sollten Sie sich das Wissen aus »Die Macht des Schuldners« und »Reich durch Vergleich« unbedingt zu Gemüte führen. Es spart Ihnen viel Geld.

Das Geheimnis von Summe „X"

Nichts anders! Kapiert!

Brennen Sie sich Folgendes ins Gehirn: Legen Sie niemals Karten offen, die Sie gar nicht offen legen müssen! Egal, in welcher Phase des Vergleichs Sie sich befinden: Es wird nur noch die Summe „X" geklärt. Denn wenn Sie alle Schachzüge geschickt platziert haben, werden Schuldforderer und Geldeintreiber mit fast jedem vorgeschlagenen Zahlungsbetrag einverstanden sein. Und das ohne eine weitere Aufstellung.

Und tun es trotzdem

Stehen Sie bei Ihren Gläubigern etwa in Lohn und Brot? Also müssen Sie von ihnen auch keine Befehle entgegen nehmen. Selbst ein Angeklagter braucht vor Gericht nichts zu sagen: Für die Beweise ist immer die Gegenseite zuständig. Trotzdem werden 95 % der Gerichtsurteile gefällt, weil der Mensch auf der Anklagebank vor lauter »Ehrlichkeit« die Klappe nicht halten kann.

Quintessenz von mir: Antworten Sie immer nur spärlich auf Fragen von Gläubigern. Reden Sie sich notfalls wie ein Politiker raus: »Ich muss erst nachsehen und kann mich im Moment nicht erinnern.«

Und das Überlebenswichtigste überhaupt: Lassen Sie sich niemals Aufstellungen aufdrücken, bei denen Sie die Hosen herunterlassen müssen. Meistens ist das, was in der Hose ist, sehr enttäuschend.

Jetzt kennen auch Sie das Geheimnis von

Nutzen Sie es auch!

Summe „X"!

Nutzen Sie es hemmungslos aus!

Machen Sie mal eine Aufstellung

... über die offenen Forderungen. Nicht Sie, lieber Leser. Dies sollte schon Ihr Gläubiger tun. Indem Sie diesen Knochenjob Ihrem Gegner zuschanzen, setzen Sie eine wirkungsvolle Geheimwaffe für sich ein und machen einen überaus cleveren Schachzug in der Partie »Gläubiger gegen Schuldner«.

Ein heißes Eisen für Ihre Gläubiger

> **Wer einmal übers Ohr gehauen wurde, der hört beim nächsten Mal besser.**
> - Ernst R. Hauschka -

Auf ganz nette Art hat mich mal ein Freund, meine »Lebensuniversität«, mit eben diesem Schachzug für lange Zeit aufs finanzielle Abstellgleis geschickt: Einige seiner Bauvorhaben habe ich mit meinen Firmen begleitet. Es ging damals mal locker um 35.000 €. 25 Jahre ist das jetzt her. Ich war knapp über 30; mein Freund ist mir um etwas mehr als 10 Jahre voraus. Seinerzeit bat ich ihn höflich um eine Abschlagzahlung: Es seien ja erhebliche Kosten aufgelaufen; zudem habe meine Firma mit einem argen finanziellen Engpass zu kämpfen.

Mit einer meiner besten Investitionen

Machen Sie mal eine Aufstellung

Der Glaube steckt in der Hoffung

Ich nahm das damals sehr ernst und konnte im Geiste schon den Scheck in meiner Hand spüren. Natürlich wollte ich vorher die gewünschte Aufstellung machen, um die mein Freund mich gebeten hatte, und dann die Rechnung schreiben.

Das muss dann jeder Gläubiger machen

Unterstützt von zwei Angestellten und einem Geschäftspartner machte ich mich ans Werk. Es war wirklich Schwerstarbeit, alle Belege zu finden und die Aufstellung zu realisieren. Endlich - nach drei Tagen und einer Nachtschicht! - hatten wir die Liste aufs Papier gebracht. Ganz ohne Excel (das es damals noch nicht gab)! Am nächsten Morgen ging ich nochmals pingelig alle Posten durch, denn gerade bei meinem Freund sollte mir nicht der kleinste Fehler durchschlüpfen. Nicht zuletzt wollte ich nur Geld, für das ich auch wirklich etwas geleistet hatte.

Inzwischen war über eine Woche vergangen. So bat ich meine »Lebensuniversität« telefonisch um einen Gesprächstermin. »Du kannst gerne Ende nächster Woche mit der Aufstellung kommen«, versprach er mir. »Jetzt aber muss ich erst eine Auslandsreise antreten.« Dieser Fuchs! Mit der zeitaufwendigen Aufstellung und dem pfiffigen Termin hatte mein ausgeschlafener Freund pralle drei Wochen für sich herausgeholt.

Der Tag der Erlösung - dachte ich

Dann war es doch soweit. Ich stand in seinem feudalen Büro im Rustikalstil und reichte ihm erwartungsfroh meine Rechnung mit der dazugehörigen Aufstellung.

Machen Sie mal eine Aufstellung

Zwischen 10 und 12 Blatt Papier übergab ich als zusammengeheftetes Bündel. Betont lässig griff er nach dem Packen, grinste schelmisch ... und deponierte ihn auf der Fensterbank seines Büros. Dort harrten bereits mehrere Papierstapel ihrer Begutachtung. »Das schaue ich mir in Ruhe an, Radi. Lass uns jetzt was essen gehen. Es ist ja schließlich Freitagabend, und wir wollen doch das Wochenende genießen.« Er hakte sich bei mir unter, und wir widmeten uns den Gaumenfreuden.

Und er hatte nur Hunger und lud mich zum Essen ein!

Schwer zu kauen hatte ich dabei an seiner Antwort, die er mir immer wieder auf meine Frage nach der Aufstellung gab: Dieses umfangreiche Werk werde er sich später anschauen. So, so, »später« - hätte er nicht irgendwann sein Büro gewechselt, dürfte meine beleibte Ausarbeitung immer noch am gleichen Platz verstauben - unbeachtet auf der Fensterbank!

> **Mangel an Erfahrung veranlasst die Jugend zu Leistungen, die ein erfahrener Mensch niemals vollbringen würde.** - Jean Duché -

Seitdem wende auch ich den Kniff an, mir eine Ausarbeitung übergeben zu lassen. Natürlich nicht bei überschaubaren Rechnungen mit »Kleckerbeträgen«. Doch immer, wenn Zinsen und Gebühren Schuldenmäuse zu Rückzahlungselefanten mutieren lassen, können solche Aufstellungen zur tödlichen Waffe gegen diese Ungetüme werden.

Darauf können Sie sich verlassen

Machen Sie mal eine Aufstellung

Hier lüfte ich ein Geheimnis

Und soll ich Ihnen ein zweites Geheimnis verraten? Wenn Sie eine Aufstellung Ihrer Verbindlichkeiten anfordern, laden Sie die Arbeitsbelastung bei Ihrem Gläubiger ab. Nicht Sie halten den schwarzen Peter in der Hand, sondern Ihr Schuldenforderer. Den haben Sie damit fürs Erste beschäftigt. Meistens hat er aber weder die Leute noch die Zeit für diese »Beschäftigungstherapie«.

Es ging auch ohne Geld weiter

Warum habe ich die Aufstellung für meinen Freund damals überhaupt so bereitwillig gemacht? Weil ich wirklich des festen Glaubens war, auf diese Weise kurzfristig an Geld zu kommen. Und weil ich dieses Geld dringend brauchte. Die Aufstellung hat mir letztendlich gar nichts eingebracht - finanziell gesehen. Der gewonnene Erfahrungswert hingegen ist unbezahlbar.

<u>Mein Tipp: Lassen Sie sich von einem Ihrer Gläubiger bei nächster Gelegenheit auch mal eine Forderungsaufstellung machen.</u>

Dabei ist es egal, ob:

- es um brachliegende Kredite bei Ihrer Bank oder Sparkasse geht;

Auch eine unendliche Liste

- Sie Ihren ausgelutschten Lieferanten, mit dem Sie sowieso auf Kriegsfuß stehen, nachhaltig ärgern wollen;

- Ihr gekündigter Kredit bei Ihrer Hypothekenbank der Auslöser ist;

- Sie Vermieter, Behörden und Finanzamt beschäftigen möchten;

Machen Sie mal eine Aufstellung

- ✎ Juristen oder Inkassounternehmen Mehrarbeit bekommen sollen;
- ✎ Ihnen sonstige Gläubigerpappenheimer schwer im Magen liegen.

Sie werden sich wundern, was Sie für Aufstellungen und Listen bekommen werden. Und Sie werden staunen, wie viel Zeit ins Land geht, bis Ihr Wunsch erfüllt worden ist. Fädeln Sie Ihre List in etwa so ein:

Gottes Kredit ist nun mal Zeit

Wolfgang Rademacher

Vorname, Name
Straße

PLZ Ort

59379 Selm, den 01. April ....
Meine Straße 75

Ihre Forderung vom 25. März ....
<u>Forderungsaufstellung.</u>

Sehr geehrter Herr Wunderlich,

hiermit bestätige ich den Eingang Ihrer Forderung mit Zinsen und Kosten vom 25. März .....

Um die Forderung genauer prüfen zu können, bitte ich um eine detaillierte Aufstellung, wie sich Ihre Forderung, Zinsen und Kosten zusammensetzen.

Nach Eingang Ihrer Aufstellung werde ich diese sofort bearbeiten.

Kleines Schreiben - große Wirkung

Mit freundlichen Grüßen

Wolfgang Rademacher

Die meisten Gläubiger - wirklich die meisten! - wissen überhaupt nicht, was da an Arbeit auf sie zukommt, wenn Sie über das vorgenannte Schreiben eine dieser Listen oder Aufstellungen zufordern.

Das ist so sicher wie der Orbit

Machen Sie mal eine Aufstellung

Jeder Schuldner hat Rechte! Auch Sie sollten sie nutzen!

Ein guter Grund für ein schlechtes Gewissen? I wo! Solche Aufstellungen zu bekommen ist Ihr gutes Recht. Sie müssen doch genau wissen, was Sie zahlen müssen. Vor allem dokumentieren Sie auf diese ungewöhnliche Weise lebhaftes Interesse an Ihren Verbindlichkeiten. Ein „Drei-Zeiler", so wie oben beschrieben, genügt vollkommen.

Hier habe ich meine Investition schon wieder hereingeholt

Dieses Schreiben, so oder so ähnlich abgefasst, hat mir schon immense Schuldenlasten von den Schultern genommen. Das glauben Sie nicht? Nun, die größten Schulden hatte ich bei einer Bank[6], die von mir zum Schluss etwas mehr als 1.220.000 € verlangt hat. Besagtes Schreiben ebnete mir den Weg zu einem Vergleich, der fast seinesgleichen sucht: Mit einem Betrag von gerade noch 25.564,59 € konnte ich mich des gesamten Kreditvolumens entledigen.

Versuch macht klug

Dabei hatte sich meine Bank zunächst hartnäckig gegen jede tragbare Lösung gesperrt. Was tun? Zum Glück fiel mir die teure Lehre ein, die mir meine »Lebensuniversität« Jahre zuvor erteilt hatte. Das war die Lösung! Nun forderte ich zum ersten Mal in meinem Leben die Auflistung aller aufgelaufenen Beträge schriftlich an.

Am 15. Oktober ... schrieb ich nach dem oben genannten Muster die Bank an.

---

[6] In meinem Buch »Die Macht des Schuldners« habe ich den günstigen Vergleich umfassend beschrieben.

Machen Sie mal eine Aufstellung

Schon am 20. November ... bekam ich meine Aufstellung: zwei Seiten Anschreiben plus fünf Seiten ausführliche Forderungs- und Zinsaufstellung. Verflixt - diese Liste war spitzenmäßig und fundiert!

Diese Schnelligkeit wollte ich eigentlich nicht

> Übersicht der Restforderungen
> Berechnung nach § 367 BGB[7]

Es stimmte einfach alles! Jedes Detail stand darauf, säuberlich und korrekt. Es gab fast keine Reklamationsmöglichkeit. Auch die Schnelligkeit der Zusendung war enorm. Kurzum: Dieser Gläubiger war gründlich vorbereitet und voll auf dem Laufenden.

Aber jetzt kannte ich wenigstens die genaue Summe, um die es sich drehte. Leider drehte sich von daher auch mein Magen. Kurzum: Es dauerte nach dieser Aufstellung noch weitere zwei Jahre, bis wir zu dem Vergleichsabschluss in Höhe von 25.564,59 € gekommen sind. Natürlich in 36 Monatsraten zahlbar und mit vorheriger Tilgungsaussetzung. Von der Zusendung der Auflistung bis zur letzten Ratenzahlung sind insgesamt 7 (sieben!) Jahre vergangen.

Da war ich baff!

Dann doch clever gelöst!

Mit einer Sparkasse habe ich das gleiche Spiel getrieben. Diesmal lief es schon eher nach meinen Erwartungen.

---

[7] Das heißt: Nach gekündigten Krediten dürfen nur noch Zinsen auf die Hauptforderung berechnet werden und nicht mehr auf die Zinsen. Es gibt nach gekündigten Krediten keine Zinseszinsberechnungen mehr. Doch viele Banken berechnen trotzdem die Zinseszinsen und setzen auf die Unwissenheit der Schuldner!

Machen Sie mal eine Aufstellung

So hatte ich mir das auch vorgestellt

Die erste Aufstellung schlich sich erst nach einem halben Jahr in meinen Briefkasten: voller Fehler. Also mit Zins, Zinseszinsberechnung und Buchungsschnitzern. Über zwei Jahre konnte ich die Sparkasse mit dieser Aufstellung auf Trab halten. Endergebnis: Statt 12.500 € brauchte ich nur 2.500 € zu berappen.

> **Das Leben besteht aus vielen kleinen Münzen, und wer sie aufzuheben versteht, hat ein Vermögen.** - Jean Anouilh -

Sie hatte sich selber links überholt

Dieselbe Nervensäge habe ich dann bei einem Inkassounternehmen angesetzt. Die Gegenseite verstrickte sich so lange in Schriftverkehr und Aufstellungen, bis die Forderung verjährt war. Nachdem ich die Sachbearbeiterin sanft auf diese nicht ganz unwichtige Tatsache hingewiesen hatte, bekam ich auch keine Aufstellungen mehr.

Mein Tipp: Zeigen Sie Raffinesse, und stellen Sie die Aufstellung der Gegenseite in Frage. Oft stimmt schon die Forderungssumme nicht. Oder die Zinsen sind falsch berechnet. Die Gesamtforderung hat dann die Lebenserwartung einer Eintagsfliege.

Noch skeptisch?

Ich habe die Auflistungen immer Stück für Stück auseinander genommen. Stimmte die Hauptforderung nicht, reklamierte ich zunächst auch nur sie. Anschließend die Zinsen und dann die Kosten. Dieses Zeitschinden war so effektiv, dass die Forderungen oftmals an Verjährung zugrunde gingen.

Machen Sie mal eine Aufstellung

Ich genieße es, mit meinen »Drei-Zeilern« und der Forderung nach Schuldenauflistung fast jeden Gläubiger kolone machen zu können. Ich treffe dabei den Nerv und bringe meine Gegner damit meistens aus dem Konzept. Zum Schluss nehmen die fast jeden Vergleich an, nur um endlich diesen verhassten Aufstellungen zu entgehen.

Wie beim Zahnarzt, wenn er den Nerv trifft!

Hätten Sie gedacht, dass die meisten Gläubiger noch nicht mal die Zinsberechnung beherrschen - sogar gestandene Buchhalter(innen) nicht? Vor allem dann, wenn die Berechnung taggenau sein soll. Spätestens dann streichen die meisten die Segel und verzichten aus Zeitgründen schon mal auf Zinsen und Kostenerstattung.

Bei meinen Beratungen empfehle ich meinen gelehrigen Schülern und Schülerinnen, es mir gleichzutun. Die beäugen mich zunächst misstrauisch. Doch wenn sie das Prinzip erst mal kapiert haben, kann ich sie kaum darin bremsen, weitere Forderungsaufstellungen zu verlangen. Von ihren Gläubigern natürlich.

Erst wollen sie nicht, und dann können sie es nicht mehr lassen

Genau diesen Fallstrick hat das Statikerehepaar für seine Sparkasse ausgelegt. Ob Sie es mir nun glauben oder nicht: Bis heute ist die Sparkasse nicht in der Lage gewesen, eine ordnungsgemäße Aufstellung auf die Reihe zu bringen. Deshalb standen die inzwischen entnervten Banker auch schon kurz davor, eine relativ kleine Abstandssumme als Ratenzahlung hinzunehmen.

Es war fast vollzogen

Machen Sie mal eine Aufstellung

Aber noch ist Polen nicht verloren

Warum um Himmels willen wollte das Ehepaar in dieser Phase bloß so aufrichtig sein? So haben die Banker wieder Oberwasser bekommen. Und das müssen wir ihnen jetzt erst wieder mühsam abgraben.

Ein Freund von mir bemüht sich schon seit vier Jahren, von seiner Hypothekenbank eine Aufstellung seiner brachliegenden Finanzierung zu bekommen. Einmal hat er eine Mini-Ausfertigung erhalten. Im Anschreiben prangte folgende Dreistigkeit: »Den Rest können Sie Ihren Unterlagen entnehmen.« Selten so gelacht! Spaß beiseite: Ihr Gläubiger ist verpflichtet, Ihnen seine Forderung auf Heller und Cent zu belegen. Gerade diesen Beleg bekommt mein Freund aber nicht - stattdessen folgenlose Mitteilungen darüber, dass die Bank mal wieder den Besitzer gewechselt hat.

Er, mein Freund, wollte es auch nicht glauben

<u>Mein dringender Appell: Fangen Sie an, dieses mächtige Werkzeug »Forderungsaufstellung« systematisch einzusetzen!</u> Der finanzielle Erfolg wird Ihnen gewiss sein - von ganz, ganz wenigen Ausnahmen abgesehen, die diese Regel nur bestätigen.

Sie führen die meisten Ihrer Gläubiger damit aufs Glatteis und schaffen es, dass die Gegenseite - durch ihre Bauchlandung frustriert - einer für Sie vorteilhaften Lösung zustimmt.

Es ist Ihre Schuldenkuh

Sie jedenfalls haben damit eine weitere Schuldenkuh sicher vom Eis bekommen.

Alles reine Nervensache

Wenn's finanziell brennt, brauchen Sie vor allem eines: verdammt gute Nerven. Anfangs, bei Ihren ersten »Schuldenlöschversuchen«, werden Sie vermutlich noch manches Mal ins Schwitzen kommen. Auch dann, wenn Sie all meine Bücher bereits gelesen und geistig aufgenommen haben.

Haben Sie Nerven?

Doch eines sollten Sie sich als Erstes hinter Ihre Ohren schreiben: <u>Es wird nichts so heiß gegessen, wie es gekocht wird.</u> Der hartnäckigste Gläubiger rennt sich mit der Zeit müde, wenn er wieder und wieder gegen eine Gummiwand läuft. Und das beste Material für Ihre Wand ist stoische Ruhe mit einer Bewehrung aus stählernen Nerven.

Nehmen Sie sich am abgebrühten Raten-Beschneider aus »Kaum zu glauben« ein Vorbild: Bei dem standen manche Gläubiger sogar tobend, schreiend und fluchend direkt auf dem Hof. Und wie hat unser Schlitzohr auf dieses sprachliche Dauer-Bombardement reagiert? Er hat es ruhig und standhaft an sich abprallen lassen, wie die Klagemauer in Jerusalem. Nicht mal ausfallend ist er geworden.

Meiner Meinung nach hatte er die besten Nerven von allen Schulden-Königen

Alles reine Nervensache

Und flexibel wie ein Wiesel

Und wenn es nötig war, hat er versprochen, die Raten beim nächsten Mal wieder zu erhöhen, notfalls in Höhe des ersten festgelegten Betrages. Oder die Ratenzahlung wurde sogar um eine ganze Stufe aufstockt.

> **Die Zeit ist eine geräuschlose Feile.** - Italienisches Sprichwort -

Diese neu ausgehandelte Summe zahlte er auch brav - ein- oder zweimal. Nur, um danach wieder nach eigenem Gutdünken die Zahlungsschere anzusetzen. In der ganzen Zeit habe ich nur zweimal erlebt, dass ein Gläubiger daraufhin erneut entrüstet bei ihm auf der Matte stand. Gleicher Ort, gleiches Spiel, und alle waren wieder happy.

Er ließ sich nicht aus der Ruhe bringen

Mit der anpassungsfähigen Zielstrebigkeit eines Flusslaufs folgte er seinem ureigenen Abzahlungsweg und berappte immer nur so viel, wie ihm geraten schien. Und so, wie weiches Wasser härtesten Granit aus dem Weg räumt, feilte er sich mit der Zeit seine Gläubiger nach seinem Gusto zurecht. Er degradierte sie zu Schafen: meckernd zwar, aber zum Geschorenwerden verurteilt. Seine Nerven waren ihm zu schade, um sie von Gläubigern verschleißen zu lassen.

Je länger ich mich mit dem Schuldenabbau beschäftigt habe, desto klarer ist mir Folgendes geworden:

Alles reine Nervensache

<u>Selbst das schärfste Messer in der Hand eines Gläubigers wird ruckzuck stumpf, wenn Sie als Schuldner das richtige Gegenmittel anwenden.</u>

Ganz sicher ist das so!

Dass die Schuldeneintreibung über mehrere Stationen läuft, wird Ihnen sehr entgegen kommen - dem Gläubiger hingegen nicht!

Ob Gerichtsvollzieher(innen), Rechtspfleger(innen), Richter(innen), alle sind auf die gesetzlichen Vorschriften fixiert. Fantasie ist hier so selten zu finden wie ein Walfisch in der Wüste. Wenn Sie dann noch beweglich wie ein Wiesel agieren, kommt das ganze Rechtssystem schnell ins Stocken. Bewusst habe ich hier nicht »Schleudern« geschrieben. Aber sogar das können Sie schaffen, wenn Sie das Wissen einsetzen, das Sie in diesem Buch finden.

Nur hier ist Möglichkeitsdenken gefragt

Ihr bester Helfer ist die Zeit. Unser Rechtssystem schleppt sich nun mal im Dampfwalzentempo über sehr lange Schleichwege dem Ziel entgegen. <u>Mein Tipp: Sehen Sie zu, dass Sie das Verfahren gnadenlos in die Länge ziehen!</u> Dann schaffen Sie es sogar, die Summe „X" in der Zwischenzeit peu à peu an die Seite zu legen und schließlich auf einmal auf den Tisch blättern zu können! Oder handeln Sie passable Ratenzahlungen aus, um Verbindlichkeiten bequem aus der Welt zu schaffen!

Die Oper ist erst zu Ende, wenn die dicke Dame gesungen hat

<u>Mein zweiter Tipp: Pfeifen Sie auf Ihren »Guten Ruf«, wenn Sie aus dem letzten Loch pfeifen!</u>

Alles reine Nervensache

Der Leumund: ein unwichtiges Luxusgut in der Schuldenphase

Denn dieser Ruf kostet Sie mehr, als er wert ist. Warum also wollen Sie dieser Illusion Ihre kostbare Nervenkraft völlig unnötig opfern? Ihr Umfeld weiß eh schon mehr, als Ihnen lieb sein kann.

Dann werden die Regenschirme eingesammelt

Diesen sozialen Misskredit können Sie nicht mehr aus der Welt schaffen - kreditwürdig sind Sie also schon lange nicht mehr. Nirgendwo auf der Welt!

Und dabei lebt es sich ohne Kredite sowieso tausendmal besser: Ihre Nerven werden geschont, und die »Traumfabrik« in Ihrem Kopf produziert nachts keine horrorfilmreifen, angstschweißtreibenden Visionen mehr!

> Die Wagemutigen von heute bereiten die normalen Handlungen von morgen vor.
> - Hélder Pessoa Dom Câmara -

Es lebt sich auch besser mit einem guten Nervenkostüm

Stecken Sie jedoch noch tief im Schuldensumpf, dann brauchen Sie genauso gute Nerven wie Banker: »Nerven aus Stahlseilen«. Und Sie haben gute Nerven - garantiert! Denn die haben Sie ja beweisen, als Sie Ihre Schulden einst gemacht haben. Warum also kriegen Sie das große Nervenflattern, wenn es in die andere Richtung geht und man Ihnen ans wirtschaftliche Fell will?

Das sollten Sie immer tun

Also, legen Sie sich schleunigst ein erstklassiges Nervenkostüm zu!

Alles reine Nervensache

Dann werden Sie den Schulden-Stier erfolgreich bei den Hörnern packen - und erstaunt feststellen, dass Sie schneller Herr der Lage sind, als Sie im Moment noch glauben mögen. Denn mit dem Wissen aus diesem Buch sind Sie mindestes 95% Ihrer Gläubiger ebenbürtig, wenn nicht gar weit überlegen. Schneidern Sie sich ein gutes Nervenkostüm - und Sie bekommen noch ein dickes Fell dazu. Gratis! Dann macht es Ihnen kaum noch etwas aus, sich erfolgreich zur Wehr zu setzen. Ob dabei alles glatt läuft? Natürlich nicht! Aber Schwierigkeiten gehören nun mal zum Schuldenabbau-Spiel wie die Hürde zum Hindernislauf.

Das ist doch die beste Grundlage

Ich hatte zu Beginn meiner eigenen Schuldenbefreiungsbemühungen mit denselben Problemen zu kämpfen wie Sie. Manches von dem, was ich unternahm, ging in die Buxe - vieles lief aber auch auf Anhieb wie geschmiert. Während und durch diese Abwehrschlachten wuchs mein Know-how kontinuierlich - und damit der Radius meiner Einflussmöglichkeiten.

Habe dabei alle Möglichkeiten ausprobiert

Bei der zweiten Schuldencharge, die bedeutend höher war, habe ich dann mein Meisterstück machen können. Genauso wie bei dem ersten Anlauf habe ich in der Anfangs- bis Mittelphase Fehler begangen - die ich heute garantiert vermeiden würde. So ist das nun mal im Leben: Man wird alt wie eine Kuh und lernt immer noch dazu.

Und das ist auch gut so!

Alles reine Nervensache

Spielen Sie ruhig in der Bundesliga

Ganz sicher waren auch meine Schuldengegner ausgeschlafener und cleverer geworden. Das Schuldenspiel hat dann eben auf einer anderen Ebene stattgefunden: in der ersten Liga der Schuldentilgung.

Apropos Fußball: Dort - wie auch bei der Partie FC Schuldner gegen SV Gläubiger - gibt es Regeln und taktische Winkelzüge, durch die Sie Ihren Gegner geschickt auskontern können. So haben Sie letztendlich die Nase vorn. Auch finanziell.

Nutzen auch Sie alle Kombinationszüge

> Mut ist eine besondere Weisheit: die Weisheit, das zu fürchten, was man fürchten soll, und das nicht zu fürchten, was man nicht zu fürchten braucht. - David Ben Gurion -

Was ich kann, das können Sie ebenfalls. Verlassen Sie sich dabei nur auf sich selbst! Holen Sie aber Rat ein, wenn Sie ihn brauchen. Achten Sie freilich darauf, bei wem Sie sich schlau machen wollen. Viele wollen nur Ihr Bestes: Ihr Geld. Die meisten haben zu viel eigenen Schlamassel am Hals, als dass sie Ihnen wirklich helfen könnten. Dennoch können Sie aus den meisten Gesprächen viel Frucht ziehen, wenn Sie wie ich auf die leisen Untertöne achten - sie bilden den Keim für wertvolle Tipps und Tricks. Jede Lebensgeschichte, ob erfolgreich oder nicht, hilft Ihnen weiter, wenn Sie das Richtige aussieben, es auf Ihren Fall anpassen und gezielt anwenden.

Etwas Brauchbares nimmt man immer mit

Alles reine Nervensache

Eine Fundgrube von nahezu unbegrenzten Möglichkeiten

<u>Überhaupt sollten Sie keinerlei Scheu haben, unser Rechtssystem voll und ganz für sich einzusetzen.</u> Es ist extra zu Ihrem Schutz gemacht worden. Bleiben Sie cool und gelassen, auch wenn einer Ihrer Gläubiger Ihnen Ihre Socken heiß machen will!

Ihr Vorteil: Meist werden Schulden auf dem Schriftweg bereinigt - Sie können somit aus der Distanz agieren. Mut und Nervenkraft vorausgesetzt, können Sie sich für ein klärendes Gespräch aber auch direkt in die Höhle des Löwen wagen - der sich unter Garantie als Mensch erweist und nicht als reißende Bestie. Eventuell hat Ihr Gläubiger sogar größere Probleme am Hals als Sie!

Einfacher, besser, erfolgreicher

Die Reise in jene Höhle habe ich immer dann vorgezogen, wenn ich die Schulden-Kuh ein für allemal vom Eis haben wollte. Es musste sich aber um einen enormen Betrag handeln, bei dem mir ein persönliches Gespräch auch gleich ein paar Tausender ersparen konnte. Das Kleinvieh unter den Schulden habe ich lieber mit einen Telefonat und der gegenseitig unterschriebenen schriftlichen Vereinbarung reguliert.

Der Kopf bleibt immer drauf

Ob mir anfangs die Hosen schlotterten? Und wie! Doch heute ist es für mich das Natürlichste von der Welt, nicht nur meine Schuldenprobleme auf dem kurzen Amtsweg zu klären: per Telefon. Denn eines weiß ich inzwischen ganz genau: Mir (und Ihnen!) reißt keiner den Kopf ab. Keiner!!!

Alles reine Nervensache

So und nicht anders

Schließlich wollen alle nur das Eine: »Ihr Geld« bekommen. Und sei es noch so wenig. Dabei wird ein Teilerfolg auf beiden Seiten fast stets wie ein Sieg gefeiert. Eines geschieht dabei immer: Beide Seiten sind erleichtert, eine Lösung gefunden zu haben. Ein unangenehmer Vorgang ist vom Tisch.

<u>Zeigen Sie bedingungslose Entschlossenheit, Ihre finanziellen Probleme als Schuldner aktiv aus der Welt zu schaffen.</u> Machen Sie sich nicht verrückt. Auch dann nicht, wenn es um hohe Summen oder sogar Ihr Hab und Gut geht. Schließlich müssen Sie erst mit der Offenbarung in der Eidesstattlichen Versicherung Ihre Vermögenskarten auf den Tisch legen. Vorher müssen Sie Ihre Hosen nicht herunterlassen.

Werden Sie Strippenzieher

Bis dahin erwartet Ihren Gläubiger, wie Sie dem restlichen Teil dieses Buches entnehmen werden, noch ein weiter, holpriger Weg. So paradox es klingt: <u>Nach dem Erlangen eines vollstreckbaren Titels steigen Sie zum Regisseur und Protagonisten (Hauptdarsteller) auf - nicht Ihr Gläubiger.</u> Der Strippenzieher, der die Fäden in der Hand hält, sind Sie - nicht Ihr Gläubiger. Der ist nur hilfloser Zuschauer oder Nebendarsteller - wie alle anderen.

Ist das nicht großartig

Sie sind derjenige, der den Zahlungszeitpunkt und meistens auch noch die Zahlungshöhe und das Aussteigen aus der Zwangsvollstreckung bestimmt.

Alles reine Nervensache

Sie können aktiv werden, wenn Sie den Zeitpunkt für richtig und günstig halten.

Mit Ihrer Nervenstärke wird auch Ihr Selbstvertrauen wachsen: Step für Step werden Sie sicherer. Dank dieser Sicherheit werden Sie sich immer einen Schritt weiterwagen. Seien Sie einfach mutig, und lassen Sie sich nicht unterbuttern. Selbst wenn Sie in der Anfangphase oft überlegen werden: »Kann ich das überhaupt machen?«. Ja, Sie können - solange Sie sachlich bleiben. Legen Sie all Ihre Argumente auf den Tisch.

Sehen Sie das als Ihr nächstes Ziel an

> **Ohne den Mut verkleinern zu wollen, mit dem manche ihr Leben geopfert haben, sollten wir auch jenen Mut nicht vergessen, mit dem andere ihr Leben gelebt haben.**
> **- John F. Kennedy -**

Klar, dass es auch Versuche geben wird, Ihnen Ihre Vorhaben auszureden. Mit schlechten Nerven werden Sie sich schneller überreden oder einschüchtern lassen. Mir ist das in der Anfangsphase ebenfalls des Öfteren passiert. Bis mich eines Tages niemand mehr bequatschen konnte. Und als dann das Gericht und die Gegenseite den Schwanz eingezogen hatten, habe ich beim nächsten Mal sogar noch eines draufgesetzt!

Der Adler und das Flugzeug steigen gegen den Wind

So habe ich gelernt, dass das Recht wirklich für alle da ist.

Alles reine Nervensache

Ich fahr gerne mal 300 km/h

Dieses Recht nicht voll auszunutzen ist ungefähr so, als würden Sie sich einen Porsche kaufen und dann nicht die Nerven haben, damit tatsächlich 300 km/h zu fahren.

Eines muss Ihnen klar sein: Man wird Sie nicht gerade ins Herz schließen, wenn Sie sich wehren. Wenn Gesetze in Ihrem Sinne bis an die Grenze ausgenutzt werden, beschwört das Zusatzarbeit herauf - und wer freut sich schon über solche Mehrbelastungen? Doch es nützt Ihnen nichts, wenn Sie zwar »Everybody's Darling« geworden sind, dadurch aber noch tiefer in der finanziellen Klemme stecken. <u>Deshalb kann ich Ihnen nur empfehlen: Wehren Sie sich! Stärken Sie dabei Ihre Nerven, bis sie die Belastbarkeit von Stahlseilen haben!</u>

Lassen Sie sich jetzt stählerne Nerven wachsen

Denn, wie gesagt: Alles ist nur reine Nervensache. Müßiggang dagegen ist der Amboss, auf dem alle Schuldensünden geschmiedet werden.

Bürger und Justiz

Bürger und Justiz

Das Recht ist für alle da. Viel zu vielen Menschen jedoch kommt unser Rechtswesen mittlerweile wie ein Paragraphendschungel vor. Dabei gehört es zu den Grundbedingungen für das Funktionieren einer Demokratie, dass die Justiz von den Bürgern verstanden und mitgetragen wird.

Auch für Sie ist das Recht da!

> **Kategorischer Imperativ:
> Handle so, dass die Maxime deines Willens jederzeit zugleich als Prinzip einer allgemeinen Gesetzgebung gelten könnte.** - Immanuel Kant -

Die meisten Menschen meiden die Justitia wie der Teufel das Weihwasser. Doch diese blinde, mit Richtschwert und Waage ausgestattete Dame kann gerade für Sie zur mächtigen Verbündeten werden, die viele Schachzüge und Schuldenauswege kennt.

<u>Mein Tipp: Spannen Sie den juristischen Amtsschimmel entschlossen vor Ihren eigenen Karren! Und entwickeln Sie dabei keine falsche »Tierliebe« - geben Sie ihm lieber ordentlich die Sporen!</u>

Er ist Gott sei Dank sehr schwerfällig

Bürger und Justiz

Die haben Sie doch schon! Oder?

Als Postillion Ihrer Schuldentilgungskutsche brauchen Sie gute Nerven, ein dickes Fell und eine Portion Mut. Ohne die kommen Sie im juristischen Labyrinth nicht weit.

Ach, ich kenne Ihre Zweifel schon:

- § »Ist das denn überhaupt legal?«

So umfangreich wie ein Gebetbuch

- § »Kann ich das auch machen, wenn der Gläubiger bereits einen vollstreckbaren Titel durch Urteil, Vollstreckungstitel oder Schuldanerkenntnis pp. gegen mich erwirkt hat?«
- § »Ist das nicht unmoralisch?«
- § »Brauche ich einen Rechtsanwalt?«
- § »Wie kann ich das handhaben?«

Ihr persönlicher Fragenkatalog kann natürlich auch noch länger ausfallen. Doch sofern sich Ihre Fragen darauf konzentrieren, wie Sie das Verfahren in der Zwangsvollstreckung blockieren können, lautet meine Standardantwort (sofern Sie nicht etwas ausgesprochen Illegales aushecken):

- § »Ja, Sie können!«
- § »Ja, Sie haben das Recht dazu!«

Kaum zu glauben: Es ist Ihr Recht

Mein Tipp: Tun Sie alles, was erlaubt ist, um sich finanziell wieder freizuschwimmen. Und scheuen Sie in keiner Phase davor zurück, sich mit Ihrem Gläubiger in Verbindung zu setzen, um zu einer Lösung abseits der Zwangsvollstreckung zu gelangen.

Bürger und Justiz

Wenn Sie die juristischen Möglichkeiten aktiv nutzen, flößen Sie Ihrem Gegenspieler auf jeden Fall gehörigen Respekt ein. Dadurch ist er ganz sicher verhandlungsbereiter und großzügiger. Für ihn wird die Sache durch Ihr couragiertes Handeln noch unangenehmer, und er will sie schleunigst aus der Welt schaffen.

Bekommt er, wenn er ihn noch nicht hatte

Dass Sie den Amtsschimmel für sich einspannen sollten, sollte Ihnen also klar sein. Aber wie? Nun, durch:

1. Kreativität und Fantasie
2. jede Menge Anträge
3. Mut, diese Anträge auch zu stellen

**Zeigefinger
Mittelfinger
Ringfinger**

Wenn Sie dieses Buch gründlich studiert (und nicht nur überflogen) haben, werden Sie in der Lage sein, durch kreative Antragstellung zu glänzen. Es wird hilfreich für Sie sein, wenn Sie lernen, Ihre Rechte aus der Warte des Schuldners zu sehen und zu nutzen. Wenn unser Rechtssystem unser Dasein schon mit derart vielen Gesetzen überschwemmt hat, wäre es doch eine Schande, wenn Sie diese Paragraphen-Armee nicht für Ihre Zwecke losmarschieren ließen.

Oft ist es ja zunächst Zeit, die fast jeder Schuldner braucht, um seinen Schulden-Stau durch Teilzahlungen schrittweise wieder abzubauen. Die Ungeduld der Gläubiger und/oder der Schuldeintreiber bremst den Schuldner dabei aber völlig aus.

Brauchen Sie nicht auch noch etwas mehr Zeit?

Bürger und Justiz

Das tut sie auch, sobald Sie Ihr Recht einsetzen

Doch selbst für den Fall, dass Sie im allertiefsten Schuldensumpf stecken, können Sie auf Ihre Rechte pochen, und die Justiz muss Ihnen Schutz gewähren.

Der Justizminister des Landes Nordrhein-Westfalen zeichnete mal für folgende Broschüre verantwortlich:

Es war der oberste Chef der Justiz

Unbedingt lesen!!! Diese aufschlussreiche Broschüre aus dem Jahre 1989 finden Sie als PDF-Datei auf der beiliegenden CD-ROM.

Bürger und Justiz

Im Vorwort fand sich folgendes Zitat mit dem Bild des damaligen Justizministers von Nordrhein-Westfalen, Dr. Rolf Krumsiek:

»›Ich glaube, dass die Menschen viel zu wenig über Recht und Justiz wissen. Man könnte sich viele Konflikte ersparen, wenn man genügend informiert wäre.‹ (Gymnasiastin, 16, im Beitrag für einen Aufsatzwettbewerb des Justizministers)«

Bald wissen Sie mehr

Diesen Satz der klugen Schülerin habe ich zum Anlass genommen, den Justiz-Amtsschimmel mal so richtig als Tanzbären vorzuführen: Als ich während der Verhandlung wegen einer Geschwindigkeitsübertretung aus diesem 32-seitigen DIN-A5-Infoheft zitierte, fiel mir die Richterin ins Wort: »So ist das nicht gemeint. Wenn das jeder täte, würde man die komplette Justizbehörde damit lahm legen.« Bezeichnend, dass kurz darauf besagtes Heft aus allen Regalen der Amts- und Landgerichte im Umkreis von Dortmund verschwunden war.

Ein Zufall?

Was mich freilich nicht daran gehindert hat, ganz im Sinne des Justizministers 15 bearbeitungsintensive Beweisanträge zu stellen und damit zumindest schon mal den Durchhaltewillen der Richterin lahm zu legen[8]. Justitias Dienerin hat schließlich völlig entnervt meinen Vergleichsvorschlag - 30 € ohne Sünderpunkte - angenommen.

So war das nicht gemeint!

---

[8] In »Der AutoFuchs« ist diese Waffe ausführlich beschrieben!

Bürger und Justiz

Da kam schon mal ein satter Rabatt heraus

Und das, obwohl ihr eine Reihe von Polizisten als Zeugen zur Verfügung gestanden haben und die Bußgeldstelle der Stadt Dortmund mich zunächst zu 135 € und 3 Punkten in Flensburg verdonnern wollte.

Gerade unser demokratisches Rechtssystem öffnet wehrhaften Schuldnern Tür und Tor. Schade, dass nur die Wenigsten diese Pforten kennen und noch weniger den Mut aufbringen, durch sie hindurch zu schreiten und die vielfältigen Verteidigungsmöglichkeiten zu nutzen, die sich dahinter auftun. Ob es wohl daran liegt, dass die Vorbereitung immer ein wenig zeitaufwändig ist?

<u>Mein Tipp: Papier ist billiger als Geld. Wenn Sie sich also keinen Geldverlust leisten können, sollten Sie auf jeden Fall Papier und Zeit für sich arbeiten lassen.</u>

Geht nicht, gibt's nicht!

»Du kannst das machen, aber wir doch nicht!«, entrüstet sich immer wieder unsere Juristen-Elite. Befreundete Rechtsanwälte schütteln nur pikiert den Kopf, wenn ich ihnen die von mir gestellten Anträge unter ihre fachmännische Nase halte: »Legal ist das ja. Die Anträge sind auch sehr gut. Doch wir haben ständig mit den Gerichten zu tun, und da können wir uns zu so etwas Unwürdigem nicht herablassen ...«

Oft dümmer, als die Polizei erlaubt

Urteilen Sie selbst, liebe Leserin, lieber Leser: Steht eine solch unprofessionelle, standesdünkelnde und engstirnige Einstellung Rechtsanwälten überhaupt zu?

Anwälten wohlgemerkt, die von Berufs wegen eigentlich angehalten sind, das Optimum für ihre Mandanten herauszuholen und alle Möglichkeiten zu nutzen. Das tun diese Rechtsbanausen aber nicht, weil sie sich zieren, wertvolles Wissen einzusetzen - nur weil es sich »nicht schickt«. Doch was Sie bald erfahren, ist kein juristisches 08/15-Wissen. Es ist unüblich, dass sich ein Schuldner auf diese Weise zur Wehr setzt.

Das Recht ist eben für alle da!

Nur eines gestehe ich diesen Anwälten zu: Die Waffe »Verzögerung der Eidesstattlichen Versicherung«, die ich Ihnen im Folgenden vorstellen werde, nimmt Vorbereitungszeit in Anspruch. Zeit, die Rechtsanwälte Geld kosten würde. Aus Sicht der Kanzlei - aber keinesfalls aus Ihrer Warte! - ständen finanzieller Aufwand und juristischer Nutzen in keinem gesunden Verhältnis mehr.

Ohne Moos ist hier dann nichts los!

<u>Mein Tipp: Machen Sie es wie ich - also lieber gleich ganz und gar selbst.</u>

Wie oft habe ich schon in verwunderte Juristenaugen geblickt, wenn ich gestandenen Anwälten von diesen Verfahrensverschleppungsmöglichkeiten erzählt habe! Der Advokatenmund stand immer lange offen - um schlussendlich doch das Killer-Argument Nr. 1 herauszulassen: »Das kann ich doch als Jurist - nicht nur in eigener Sache - überhaupt nicht machen. Was soll denn das Gericht von mir denken?«

Wozu war dann ihre Ausbildung nütze?

Dazu fällt selbst mir nichts mehr ein!

Bürger und Justiz

Deshalb sollten Sie sich auch lieber selbst wehren

So viel Boniertheit, gepaart mit Standesdünkel und Dummheit, läuft mir nicht jeden Tag über den Weg. Da haben diese Typen das Wissen und setzen es nicht ein!!!

Killer-Argument 2: »Das kann man nur machen, wenn man kein Vermögen mehr hat.« Stuss zum Quadrat! Denn gerade, wenn Sie noch Vermögen haben, ist die Herauszögerung der EV eine Ihrer schärfsten Waffen.

> **Der Gesetzgeber sollte denken wie ein Philosoph, aber reden wie ein Bauer.**
> - Rudolf von Ihering -

Lassen Sie sich von Dummschwätzern nicht aus dem Konzept bringen. Es geht ja um Ihr finanzielles Fell, dass verteilt werden soll. Dabei spielt es keine Rolle, ob Sie arm wie eine Kirchenmaus sind. Oder noch ein großes Vermögen besitzen, aber im Moment nicht flüssig sind, um Ihren finanziellen Verpflichtungen nachkommen zu können.

Antrag oder Anträge sind der Zauberstab

»Wie kann auch ich das hinkriegen?«, werden Sie sich fragen. <u>Ganz einfach: Sie müssen Anträge stellen.</u> Sie bilden das pumpende Herz für juristische Einsätze und sind so wichtig wie die Wasserpumpe für den Feuerwehrmann. Sie müssen den Wasserstrahl allerdings ganz gezielt auf Ihre Brandstelle »Zwangsvollstreckung« richten.

Das wird eine spannende Sache

Also: »Wasser marsch!« Und so wird's gemacht ...

Die Antragsstrategie

Justitia ist eine Frau. Und Frauen lieben es nun mal, wenn man ihnen einen Antrag macht. Kein Wunder, dass Anträge das Herzstück unseres Rechts- und Behördensystems bilden, ohne das nichts geht. Gar nichts! Wenn Sie Anträge geschickt stellen, können Sie oft nicht nur jede Menge Geld herausholen, sondern viele Verfahrensvorgänge zu Ihren Gunsten entscheiden.

Ein wahres Herzstück

Warum aber wird dieses überaus machtvolle Mittel von Juristen vor Gericht und von Steuerberatern beim Finanzamt oder Finanzgericht so spärlich eingesetzt? Weil das Formulieren und Stellen von Anträgen einiges an Denk-Arbeit abverlangt! Arbeit, die selbst erfahrene Rechts- und Steuerverdreher scheuen - aus Zeitgründen.

Für jeden Antragsteller

Aus demselben Grund werden Anträge von Beamten, Richtern, Rechtspflegern und anderen Entscheidungsträgern gehasst wie die Pest. Schrauben sie doch die Arbeitsbelastung dieser Herrschaften drastisch nach oben - um ihre Entscheidungsfreiheit zugleich massiv einzuschränken. Denn jeder Antrag MUSS beschieden werden. Immer!

Weil alle arbeiten müssen

Die Antragsstrategie

Mehr Sand als Sie glauben

Und noch etwas schaffen Anträge: Sie streuen Sand ins Getriebe. Das knirscht ungenehm und stört den behäbigen Amtstrott.

Meine Oma wusste schon immer: »Medizin, die schmeckt, hilft nicht.« Also tue ich das, was meinen Gegnern überhaupt nicht schmeckt: Ich stelle in öffentlichen Hauptverhandlungen Beweisanträge. Schon kann ich von den Gesichtern der Richter und der Gegenseite ablesen, wie in den Speiseröhren dieser Damen und Herren langsam die Magensäure emporkratzt. Welch ein Ergötzen, in diese von heftiger Übelkeit gezeichneten Gesichter zu sehen und zu wissen: Junge, du hast den Nerv des Gerichts und der Gegenseite mal wieder voll getroffen!

Wie sagt George Orwell in »Farm der Tiere«? Alle sind gleich - manche sind nur etwas gleicher als die anderen!

> Alle Menschen sind einander ähnlich, und alle sind auch wieder voneinander verschieden. Das macht vor allem die Gerechtigkeit so schwierig.
> - Robert Muthmann -

Anträge sind eben eine Medizin, die meistens dem hilft, der diese Anträge stellt. Alle anderen Beteiligten wollen die Sache lieber schnell vom Tisch fegen. Gerade das geht aber nicht, wenn Sie pfiffig sind, die schmutzige Bombe namens »Antrag stellen« zünden und damit den Fortgang von Verfahren oder Prozess massiv beeinflussen.

Die liefert Ihnen Ihr kluger Kopf

Ich weiß schon, wonach Sie lechzen: »Wo bekomme ich denn die Anträge her? Welche Formulare werden überhaupt benötigt?«

Die Antragsstrategie

Kaum zu glauben, aber in unserer bis ins Letzte durchorganisierten und regulierten Gesellschaft existieren keinerlei vorgedruckte Antragsformulare für gerichtliche oder steuerliche Verfahren, Verhandlungen, Zwangsvollstreckungen, Zwangsversteigerungen ... <u>Aus jedem harmlosen Blatt Papier kann also ruckzuck ein folgenschwerer Antrag werden - sofern Sie es mit den richtigen Formulierungen füllen.</u> In etwa so:

Ein weißes Blatt, gepaart mit etwas Fantasie r,eicht völlig aus

Wolfgang Rademacher

Amtsgericht
Gerichtstraße 5

<u>44532 Ort</u>

59379 Selm, den 02. November ....
MeineStraße 75

DR II 01655/05
Kläger ./. Wolfgang Rademacher

Hiermit lege ich Widerspruch gegen die Bestimmungen der Abgabe für die eidesstattliche Versicherung in der o.g. Angelegenheit ein.

<u>Begründung:</u>
Der Kostenfestsetzungsbeschluss vom 29. Juni .... unter dem Aktenzeichen 318 AO 329/05, auf das die Zwangsvollstreckung begründet wird, ist mir <u>nicht</u> zugestellt worden.

Dadurch konnte ich meine mir gesetzlich zustehenden Rechte nicht in Anspruch nehmen.

Gleichzeitig beantrage ich, das Verfahren einzustellen.

Wolfgang Rademacher

Genickbruch kann so einfach sein!

Die Antragsstrategie

Das Wichtigste

Beachten Sie UNBEDINGT den Aufbau:

- ✍ Erst das Aktenzeichen,
- ✍ die Namen der Kontrahenten und
- ✍ die dazugehörige treffende Begründung

verwandeln einen Bogen Papier in einen kraftvollen Antrag. Auch dann, wenn da gar nicht »Antrag« drauf steht; der Form wird dennoch voll und ganz Genüge getan.

Hass und Ärger raus zu lassen bringt gar nichts

Ganz wichtig: Formulieren Sie Ihre Begründung zu 100 % SACHLICH! Es geht in der Zwangsvollstreckung sowieso immer nur um die eine Sache, auf die alle scharf sind: Geld! Greifen Sie Ihre Gegner niemals persönlich an - und seien Sie noch so sauer auf Ihren Gläubiger oder Schuldeintreiber. Das Gericht oder seine Erfüllungsgehilfen können eh nichts für Ihre jetzigen Probleme.

Passen Sie zudem auf, dass Ihnen bei der Begründung keine Märchen, Meinungen oder Mutmaßungen aus der Feder fließen. Nehmen Sie lieber die Gesetze oder deren Voraussetzungen zu Ihren Gunsten auseinander. Hier steht Ihnen ein breites Betätigungsfeld offen, wie Sie in einem späteren Kapitel noch erfahren werden.

Und die haben Sie doch?

Es reicht nicht, in der eigentlichen Sache andere Ansichten zu vertreten. Man muss sie auch plausibel begründen können. Verlassen Sie dabei NIEMALS die Ebene der nachprüfbaren Sachlichkeit, und verweisen Sie, wenn möglich, auf andere Urteile.

Die Antragsstrategie

Besorgen Sie sich alle Paragraphen (§), die nötig sind, um Ihre gegenteilige Ansicht hieb- und stichfest zu begründen. Wenn Sie diese Paragraphen nicht kennen, holen Sie sich rechtliche Hilfe - z. B. im Internet. Das geht ganz hervorragend: Geben Sie bei Suchmaschinen wie Google oder bei www.wer-weiss-was.de die entsprechenden Stichworte ein: Sie werden mit Informationen geradezu überschüttet.

Hält Ihnen Tür und Tor offen

Viele Rechtsanwälte bieten Ihnen ihre Rechtsabwägungen oft schon kostenlos im Weltnetz an. In der Klageerwiderung während eines Zivilverfahrens habe ich mal eine Rechnung auseinander genommen. Auf dieser Forderung fehlten die Steuernummer, der berechnete Umsatzsteuersatz in %, die nachvollziehbare Beschreibung der erbrachten Leistung. Dazu kam noch, dass mir die Rechnung per E-Mail übermittelt worden war und die vorgeschriebene digitale Signatur darin gefehlt hatte.

Sich den Grund klar machen

So gab ich bei Google den Suchbegriff:

Rechnungen per E-Mail

Und dann danach suchen!

ein. Aus zig Seiten, die mir zu diesem Thema angeboten wurden, fischte ich diesen Kommentar heraus:

Texte zum Internet, Online und E-Commerce Recht
von Rechtsanwalt Johannes Richard Rechtsanwälte Langhoff, Dr. Schaarschmidt & Kollegen
www.internetrecht-rostock.de
Rostock • Stralsund • Barth • Berlin • Mallorca

Rechnungen per E-Mail - Vorsicht Ärger mit dem Finanzamt

109

Die Antragsstrategie

Im Rahmen des elektronischen Warenverkehrs ist immer häufiger zu beobachten, dass auch Rechnungen per E-Mail übersandt werden. Gerade für Gewerbetreibende führen derartige Rechnungen jedoch zu erheblichen Problemen, wenn der Gewerbetreibende vorsteuerabzugsberechtigt ist. Die Rechnung per E-Mail wird nämlich nur unter bestimmten Voraussetzungen als abzugsfähig anerkannt. Gem. § 14 Abs. 1 S. 1 UstG ist das Unternehmen verpflichtet, Rechnungen auszustellen, in denen die Steuer gesondert ausgewiesen wird. Diese Rechnung muss grundsätzlich folgende Angaben enthalten:

Da stand es schwarz auf blau

Genau das brauchte ich

1. den Namen und die Anschrift des leistenden Unternehmens,
2. den Namen und die Anschrift des Leistungsempfängers,
3. die Menge und die handelsübliche Bezeichnung des Gegenstandes oder Art oder
4. Umfang der Leistung,
5. den Zeitpunkt der Leistung,
6. das Entgelt der Lieferung,
7. den auf das Entgelt entfallenden Steuerbetrag.

Die Rechnung selber muss hierbei in Schriftform vorliegen, d.h. eine Urkunde im üblichen Sinne sein. Genau hier wird es bei per e-Mail übersandten Rechnungen problematisch. E-Mails selber gelten nicht als Urkunde, selbst für den Fall, dass sie nach dem Empfang ausgedruckt werden.

Es war alles da, was ich einsetzen konnte

Eine elektronisch, d.h. meistens per E-Mail übermittelte Rechnung wird vom Finanzamt nur dann anerkannt gem. § 14 Abs. 2, wenn sie eine digitale Signatur nach dem Signaturgesetz enthält. Dies ist regelmäßig bei heutzutage verschickten e-Mail-Rechnungen nicht der Fall.

Eine Rückfrage bei der Oberfinanzdirektion Rostock hat ergeben, dass der Betriebsprüfer zwar nicht erkennen könne, ob die vorliegende Rechnung zunächst per E-Mail versandt worden ist und sodann ausgedruckt wird. Wenn der Betriebsprüfer jedoch erkennt, dass die Rechnung per E-Mail versandt worden ist, wird diese Rechnung nach Ansicht der Oberfinanzdirektion Rostock jedenfalls nicht anerkannt.

Die Antragsstrategie

Dies ist um so problematischer, als das für den Fall, dass die E-Mail selbst ausgedruckt wird, diese meist auch als solche zu erkennen ist, da sie Absender, Empfänger und eine Betreffzeile enthält. Etwas anderes ist es, wenn die Rechnung als Anhang zu einer E-Mail versandt wird.

Da per E-Mail übersandte Rechnungen ohne digitale Signatur somit nicht den Voraussetzungen des Umsatzsteuergesetzes entsprechen, hierzu jedoch Seiten des leistenden Unternehmers eine Verpflichtung besteht, eine ordnungsgemäße Rechnung abzureichen, empfehlen wir z.Z. auf solche Rechnungen nicht zu zahlen. Bitten Sie das Unternehmen, eine schriftliche Rechnung oder eine Rechnung mit digitaler Signatur zu übersenden.

Umfassender geht es fast nicht mehr

Tipp: Auf Rechnungen per E-Mail nur dann zahlen, wenn diese eine digitale Signatur enthalten.

© Rechtsanwalt Johannes Richard, Richard Wagner Str. 14, D-18055 Rostock, Tel. 0381-4901751, Fax 0381-4901753, Email: rostock@ra-lsk.de
Alle Angaben ohne Gewähr

> **Man sollte das Rad nicht neu erfinden. - Wolfgang Rademachers Leitspruch -**

Das auf keinen Fall

Diese gründlichen Ausführungen passten genau zu meinem Fall. Für meine Klageerwiderung habe ich daher diesen Text benutzt - natürlich auf meine Verhältnisse zugeschnitten. Auch Sie können so in kürzester Zeit eine ordentliche, sachgerechte Begründung erarbeiten. Sei es für einen Antrag, eine Klage, eine Klageerwiderung oder andere behördlichen Verfahren.

Überall, wo es notwendig ist

Die Antragsstrategie

Helle Köpfchen, oder?

Anträge sind bei Beamten und Justiz-Dienern so beliebt sind wie ein Iltis im Parfümladen. Diese vulkankratertiefe Abneigung war sogar schon mal Gegenstand einer Verhandlung des Bundesgerichtshofs (BGH) aus dem Jahre 1953.

Damals hatten doch tatsächlich einige Beamte selbstherrlich geglaubt, sie bräuchten sich gestellten Anträgen nicht zu stellen. Im Kern lehrte sie der BGH wie folgt Mores:

So soll es auch sein!

> ... Diese Amtspflichtverletzung ist auch *schuldhaft*. Es ist geradezu unverständlich, wie die Beamten des RegPräs. bei Bearbeitung der Eingabe die Ansicht haben vertreten können, sie brauchten - selbst mehrfach wiederholte und eingehend begründete - Anträge nicht innerhalb bestimmter angemessener Fristen zu bescheiden. Sie haben grob fahrlässig den Grundsatz missachtet, dass die Beamten nicht nur Diener des Staates, sondern auch Helfer der Staatsbürger zu sein haben. Jeder Beamte war stets und ist besonders in der Gegenwart über die alle Beamten obliegende Pflicht zu belehren, den Staatsbürgern, wenn diese Anträge stellen, zu einer Sachentscheidung zu verhelfen. Entweder haben die Beamten des RegPräs. sich über alle auch ihnen zuteil gewordenen Belehrungen hinweg gesetzt, oder aber der RegPräs. hat seine Beamten nicht mit genügenden Weisungen versehen. ... [BGH[9], Urt. v. 29.11.1954 - III ZR 84/53 (Celle)]

Nur winden sich wie ein Wurm

Trotz dieses Urteils: Ärger hatte ich schon mit etlichen Behörden (etwa dem Finanzamt), weil meine Anträge nicht beschieden wurden. Daher hefte ich jetzt jedem meiner Anträge vorbeugend folgende Präambel bei:

---

[9] Das Gesamturteil befindet sich auf der beiliegenden CD-ROM.

Die Antragsstrategie

Präambel zum Antrag

Der von mir gestellte Antrag dient ausschließlich dazu, meine mir gesetzlich zustehenden steuerlichen bzw. steuersparenden Rechte der betreffenden Steuererklärungen geltend zu machen.

Deshalb beantrage ich zusätzlich, meinen anliegenden Antrag gemäß den nachfolgenden gesetzlichen Vorschriften und unter folgenden Voraussetzungen zu bescheiden:

I. Amtsermittlungsgrundsatz

Gemäß § 88 AO gilt im gesamten Besteuerungsverfahren der Untersuchungs- bzw. Amtsermittlungsgrundsatz. Das bedeutet, dass die Finanzverwaltung den für die Besteuerung maßgeblichen Sachverhalt umfassend und objektiv aufzuklären hat. Sie hat dabei gem. § 88 II AO alle für den Einzelfall bedeutsamen, auch die für die Beteiligten günstigen Umstände zu berücksichtigen.

Bei der Verpflichtung des Finanzamtes zur Amtsermittlung und anschließender Gehörsgewährung handelt es sich um Amtspflichten der Behörde gegenüber dem Steuerpflichtigen.

Soweit die Anträge nicht einzeln und sachlich beschieden werden, wird gegen diesen Grundsatz verstoßen.

II. Gem. § 89 AO sind die Finanzbehörden zur Beratung und Auskunft verpflichtet.

Dort, wo etwas nicht gewollt sein kann und der Steuerzahler für die Finanzverwaltung sehenden Auges Gefahr läuft, seiner Rechte verlustig zu werden, setzt eine Aufklärungs- und Anregungspflicht ein.

Um dem Rechteverlust vorzubeugen, ist mein Antrag einzeln und sachgerecht zu bescheiden.

III. Ermessen

Das Ermessen der Finanzverwaltung ist häufig durch Verwaltungsanweisungen eingeschränkt. Dort, wo es keine Anweisungen gibt, kann Ermessen („auf Null") reduziert aus der Sache der heraus bzw. aus dem Zweck der Steuerfestsetzung. Aus der Zweckbindung ergibt sich, dass nach sachlichen Kriterien entschieden werden muss und kein Raum für Laune und Willkür, Sympathie und Antipathie oder gar für Schikanen ist.

Ich weise schon jetzt darauf hin, dass ich bei Nichtbescheiden dieses Antrags die Entscheidung des Bundesgerichtshofes vom 29.11.1954 Az. III ZR 84/53 zur Grundlage meines weiteren Vorgehens machen werde.

Wenn Sie wollen, können Sie diese Präambel für Ihre Zwecke umstricken. Lassen Sie dabei nur keine Masche fallen!

Die Antragsstrategie

Sie sind doch mündig? Oder?

Sie sehen: Sie haben eine Menge Rechte. Es wäre wirklich eine Schande, sie nicht zu nutzen. Wo doch selbst die Obersten Bundesrichter ganz offenkundig wollen, dass Sie als mündiger Bürger behandelt werden.

Ein bisschen Mut gehört einfach dazu

Jetzt wissen Sie, was ich unter Antragsstrategie verstehe. Konnte ich Ihnen die Augen öffnen? Und auch den Zugang zu dem Feld erweiterter rechtlicher Möglichkeiten? Prima. <u>Dann stelle ich jetzt diesen Antrag: Haben Sie ruhig den Mut, Anträge zu stellen, wo immer es in schwierigen Situationen zweckmäßig erscheint.</u> Denn jeder Antrag verschafft Ihnen Zeit - Zeit, die Sie dringend benötigen, um Ihre finanziellen Probleme aus der Welt zu schaffen. Deshalb sollten Sie den Zeitgewinn aktiv nutzen und Ihr finanzielles Durcheinander unterdessen in Ordnung bringen.

Und wann tun Sie es?

Wie Anträge gestellt werden, wissen Sie jetzt. Und Deutschlands größter Denker, Wolfgang Johann von Goethe, hat mal gesagt: »Man muss es nicht nur wollen, man muss es auch tun!«

Tun Sie es. Denn das Recht ist für alle da!

Nicht locker lassen

Nicht locker lassen

Sie werden sich im letzten Kapitel sicherlich gewundert haben, dass ich für meine Anträge eigens eine Präambel ausgearbeitet habe. Doch dazu war ich gezwungen: Einige überhebliche Staatsdiener waren doch tatsächlich der Meinung, sich um meine Anträge nicht kümmern zu müssen.

Mein „rechtlicher" Hinweis

Zudem bringt mich solch eine Präambel auf gleiche Augenhöhe mit diesen Beamten. Schließlich erheben Justiz und Fiskus mit fast jedem Schreiben an Sie und mich drohend den Zeigefinger, indem sie uns über rechtliche Konsequenzen belehren. Warum sollten nicht auch Behörden dieses Gefühl mal am eigenen Leibe kennen lernen?

Das kommt öfters vor, als einem lieb sein kann

> **Behalte deine Ängste für dich, aber teile deinen Mut mit anderen.** - Robert Louis Stevenson -

Ach, wie wurde ich anfangs belächelt, als ich von meiner Präambel erzählte! Aber das änderte sich schnell, nachdem meine Gesprächspartner meinen Text erst mal gesehen und verstanden hatten.

Ach, das geht auch so?

Nicht locker lassen

Das lassen Sie sich mal auf der Zunge zergehen

»So was kann man doch nicht machen!« - davon war dann rasch keine Rede mehr!

Wenn es um Geld geht, biegt sich die Gegenseite das Recht gern auch mal nach ihrem Gusto zurecht: Gerade, als ich mit diesem Kapitel beginnen wollte, habe ich im Business-Letter[10] diese Information entdeckt:

Keine Besteuerung auf Grund von Spekulationen

Ist das Recht denn nicht für alle da?

Dass das Geld vom Sparkonto eines Mannes kurz vor seinem Tod verschwand, wollte das Finanzamt nicht so recht einsehen. Die Beamten vermuteten eine heimliche Schenkung an die Alleinerbin, damit die Erbschaftsteuer umgangen werden konnte. Beweisen konnten sie es allerdings nicht. Dennoch verlangte das Amt eine Schenkungssteuer von der Erbin für die unterstellte Schenkung.

Das angerufene Finanzgericht Bremen konnte auch keine Veranlassung zu dieser Erhebung erkennen und verwies das Finanzamt in seine Schranken. Die Beamten ließen aber nicht locker und versuchten es auf anderem Wege: Plötzlich sollte die Frau Erbschaftsteuer auf den verschwundenen Sparbetrag zahlen, da dieser offensichtlich zum Nachlass gehörte.

Aber wieder befreite das Gericht die Frau von der Steuerpflicht. Finanzämter dürften nicht für ein und dieselbe Angelegenheit eine andere Steuer erheben, schon gar nicht, wenn die Steuerpflicht durch ein Gericht bereits abgewiesen wurde. (AZ: 3 K 54/03)

Die haben keine Hemmungen!

Sie sehen: Die staatliche Obrigkeit lässt nicht locker, sobald sie vermutet, dass sie von ihren Bürgern auch nur einen einzigen lausigen Cent zusätzlich kassieren könnte!

---

[10] Diesen sechsseitigen Business-Letter beziehe ich seit acht Jahren zweimal im Monat. Er hat mir schon viele gute Dienste geleistet. Auf der CD-ROM befindet sich eine Ausgabe als PDF-Datei.

Nicht locker lassen

<u>Also brauchen auch Sie keinerlei Beißhemmung zu entwickeln: Wehren Sie sich!</u> Vor allem dann, wenn Sie mit dem Rücken zur Wand stehen. <u>Schöpfen Sie ALLE legalen Möglichkeiten aus.</u> Denn was dem Staat recht ist, sollte Ihnen billig sein!

Haben auch Sie keine Hemmungen!

Die Allzweckwaffe, die Behörden- und Rechtsdienern höllischen Respekt einflößt, kennen Sie ja bereits: Anträge stellen, was das Zeug hält. So gewinnen Sie Zeit; oftmals können Sie mit Anträgen die Sache sogar völlig aus der Welt schaffen. Jedoch - wenn Sie aus Unkenntnis oder Kleinmut keinen Gebrauch von Ihrer Waffe machen, werden Sie von Ihren Gegnern rücksichtslos auseinander genommen. Garantiert!

Ach - Sie scheuen die Vorbereitungsarbeit, die so ein Antrag verlangt? Dann kann Ihnen keiner helfen: Etwas Einsatz müssen Sie schon bringen. Denn diejenigen, die Ihnen diese Arbeit von Berufs wegen abnehmen könnten, wollen eine Stange Geld dafür haben. Oder sie tun es nicht, weil sie in einem anderen Verfahren wieder auf dieselben Beamten treffen können und Angst davor haben, schief angesehen zu werden. Da ich das in der Zwischenzeit spitz bekommen habe, mache ich es eben selbst.

»Arbeit« steht im Wörterbuch auch vor »Erfolg«

Klar, dass ich dabei anfangs viele Fehler gemacht habe. Dennoch konnte ich stets eine Menge Zeit für mich herausholen. Der Amtsschimmel mit allen seinen Instanzen ist eben weder beweglich noch flink.

Die Fehler werden Sie genauso machen

Nicht locker lassen

Sehr langsam

Gottes Mühlen - und die der Justiz - mahlen eben langsam, aber gründlich.

Wobei das in Behörden- und Justizkreisen mit der Gründlichkeit so eine Sache ist: Wenn Sie erst mal angefangen haben, Ihre Gegner mit Anträgen zu triezen, schleichen sich auch bei denen Fehler ein. Da können z. B. Akten liegen bleiben. Ich habe selbst erlebt, dass ich von einer Angelegenheit fast ein Jahr lang nichts mehr gehört habe.

<u>Dieselben Fehler dürfen Ihnen niemals unterlaufen! Fristen dürfen Sie keinesfalls verpassen, sobald Sie mit diesem Antragssystem anfangen. Sonst ist Ihr Vorteil wieder futsch!</u> Mir ist es anfänglich des Öfteren passiert, dass ich Gericht und Gegenseite mit meinen Anträgen durcheinander gewirbelt habe. Die Verhandlungen wurden unterbrochen - prima! Aber den neuen Termin hatte ich dann schon mal verschwitzt - autsch! (Eine Portion Schusseligkeit wird wohl ebenfalls dabei gewesen sein.)

Da bekamen alle große Augen

Dumm gelaufen? Wie man's nimmt: Denn alleine die Unterbrechungsphase hat mir damals genügend Spielraum verschafft, um mit meinen Gläubigern und deren Erfüllungsgehilfen kleine, passende Ratenzahlungen zu vereinbaren. <u>Mein Tipp: Ratenzahlungen sind immer und zu jeder Zeit möglich - nutzen Sie diese Chance!</u>

Immer der letzte Ausweg

Heute vergesse ich keine Frist mehr. Denn ich habe ein einfaches, aber wirkungsvolles Termin-Erinnerungssystem entwickelt:

Nicht locker lassen

**Einfach
Praktisch
Gut**

An der Wand meiner Bürotoilette habe ich eine 45 x 45 cm große Magnettafel angebracht. Auf diesem »Whiteboard« notiere ich mit Filzstift alle wichtigen Termine. Bekomme ich von gerichtlicher oder anderer Stelle ein Schreiben oder eine Zustellungsurkunde, in der mir eine Frist gesetzt wird, notiere ich diesen Termin sofort. Etwa so:

7/06/.. AG Lünen

11/07/.. 13.³⁰ Poethe

**Kurz und
knapp**

Jedes Mal, wenn ich zum stillen Örtchen muss, komme ich nicht umhin zu merken, wo es mich terminlich drückt. Denn sobald ich die Tür öffne, leuchten mir in Rot, Blau, Grün oder Schwarz die Fälligkeitstage - links an der Wand, direkt in Augenhöhe - mit auffordernder Beharrlichkeit entgegen. Und das manchmal mehrere Male am Tag! So geht auch kein „Geschäft" mehr in die Hose!

> **Schlauheit ist die Kunst, eigene Fehler zu verbergen und die Schwächen anderer bloßzulegen.** - William Hazlitt -

**Platz für
neue Termine**

Habe ich die Dringlichkeiten fristgerecht hinter mich gebracht, wische ich den entsprechenden Termin einfach von der Tafel. Klar doch: Heute muss ich meine Fristtechnik nur noch hin und wieder anwenden. Doch auch in jenen heißen Zeiten, da sich bei mir die Termine die WC-Türklinke in die Hand gaben, bin ich mit dieser kleinen Tafel hervorragend ausgekommen: Keine Frist und keinen Termin habe ich je verschlampt.

**Habe damit
mein Ziel
erreicht**

Nicht locker lassen

Immer, wenn Zeit dazu ist

Und wann, werden Sie fragen, werden diese Unannehmlichkeiten am besten bearbeitet, damit die Termine gewahrt bleiben? Die meisten Fristen umfassen zwischen zwei (bei Klageerwiderungen) und vier Wochen. Unmittelbar vor dem Fälligkeitstag werden sie von mir bearbeitet – entweder erst am Tag der Fälligkeit selbst oder kurz davor. Unabhängig davon: Abgegeben wird der Antrag prinzipiell erst im letztmöglichen Augenblick vor Ablauf der Frist!

Sollte ich den richtigen Begründungsdreh bis dahin noch nicht gefunden haben, stelle ich oft einen ganz einfachen Antrag zur Fristverlängerung. So wie den hier:

Kommt Zeit – kommt Rat

Wolfgang Rademacher

Amtsgericht
Gerichtsplatz 5

PLZ Ort

59379 Selm, den 31. Mai ....
Meinestraße 77

per Telefax ....-......
Geschäfts-Nr.: 8 C 813/05
Kläger ./. Rademacher
Ihr Schreiben vom 19. April .... - zugestellt am 10. Mai ....
Antrag auf Fristverlängerung bis zum 30. Juni ....

Hiermit beantrage ich, die Frist für die Klageerwiderung bis zum 30. Juni .... zu verlängern.

Begründung:
Nachdem ich mich von einer schweren Grippe etwas erholt hatte, habe ich jetzt einen starken Heuschnupfen mit schweren Atembeschwerden bekommen, so dass ich die Klage zurzeit krankheitsbedingt noch nicht begründen kann.

Nur ein Vorschlag

Aus diesem Grunde beantrage ich eine Fristverlängerung bis zum 30. Juni ...., weil ich die Klagebegründung nur selber erstellen kann und ich lediglich einen Einmannbetrieb ohne Mitarbeiter führe.

Wolfgang Rademacher

Nicht locker lassen

Meine Erfahrung lehrt, dass auch ein Urlaub oder die Tatsache, dass ein Familienmitglied besondere gesundheitsunterstützende Hilfen braucht, zur Begründung gut geeignet sind. Und ich beantrage niemals Fristverlängerungen unter vier Wochen.

Hört sich doch gut an!

Bisher wurde noch nie ein Antrag auf Fristverlängerung abgelehnt! Die meisten Stellen bestätigen mir dann, dass der Schlusstermin nach hinten verlegt wird. Wenn mir dieser Zeitgewinn zu klein erscheint, beantrage ich eine weitere Fristverlängerung von nochmals ca. 14 Tagen bis 3 Wochen.

Ich achte immer darauf, dass das von mir beantragte Fristende auf einen Samstag fällt. Denn Fristen, die eigentlich an einem Feiertag oder Wochenende enden, laufen erst am darauf folgenden Werktag tatsächlich ab. So bleiben mir das gesamte Wochenende und der ganze Montag für meine restliche Bearbeitung. Und der ganze Tag danach kann auch noch genutzt werden, wenn Sie die Unterlagen noch bis nachts 24 Uhr dem Gericht über Telefax zuschicken oder in den Nachtbriefkasten abwerfen.

Jede Sekunde nutzen

Das alles verschafft mir die Luft, um mir weitere Tipps und Ratschläge zu holen - entweder aus dem Internet oder von befreundeten Experten. Dadurch finde ich immer genügend Informationsmaterial, das zu dem jeweiligen Vorgang passt.

Immer auf der Suche

Nicht locker lassen

Anschließend konzentriere ich mich darauf, die Begründung meines Antrags ausführlich und sachlich auszuformulieren.

Genauso machen

Den Antrag selbst gebe ich auf den letzten Drücker ab - entweder als Telefax oder per Briefeinwurf. <u>Wichtig: Sie brauchen immer zwei Exemplare, weil auch Ihre Gegenseite eine Abschrift bekommen muss.</u> Ich kombiniere den Besuch beim Behördenbriefkasten immer gern mit einer kleinen Radtour und werfe die »Schmutzige Bombe« dann mit einem verschmitzten Lächeln ein ...

<u>Mein Tipp: Halten Sie Termine unbedingt ein!</u> Denn Justiz- und Behördendiener können einen Antrag wegen Verspätung einfach so vom Tisch wischen, ohne einen Finger gekrümmt haben zu müssen. Diese Freude sollten Sie ihnen keinesfalls gönnen!

Das schnelle Verfahren

Zwei Dinge dürften Ihnen nun völlig klar sein: Es geht erstens nicht ohne Arbeit und Mühen, und zweitens dürfen Sie in solchen Verfahren niemals locker lassen. Wenn Sie das beachten, können Sie Zeit gewinnen. Und somit in Ruhe Geld beschaffen und Ihren Gläubiger mit kleinen Ratenzahlungen glücklich machen. Raten, die Sie natürlich relativ bequem aus Ihren laufenden Einnahmen finanzieren können.

Reichsaußenminister Walter Rathenau soll gesagt haben: »Die Erfindung des Problems ist wichtiger als die Erfindung der Lösung.«

Nutzen Sie die Erfindungen

Machen Sie in seinem Sinne weiter!

Zeigen Sie Ihre Zähne

Zeigen Sie Ihre Zähne

... auch wenn Sie vielleicht schon »die Dritten« im Munde führen. Schauen Sie sich mal kritisch die TV-Berichte über die Arbeit von Gerichtsvollziehern an: Wirken die meisten Schuldner dabei nicht so, als seien sie mit der asozialen holländischen Fernseh-Familie Flodder verwandt? Und werden die echten Schuldner von den TV-Gerichtsvollziehern nicht immer als zahnlose Jammergestalten vorgeführt, die sich nicht wehren können oder dürfen?

Sie haben doch noch welche? Oder?

In diesen Sozialgaffer-Dokus werden mittellose Schuldner immer wieder dazu gebracht (oder fast genötigt), Zahlungszusagen zu machen, die sie von vorneherein niemals einhalten können.

Immer das gleiche Spiel

Vor der Kamera profiliert sich vor allem ein reges, aber fragwürdiges Gerichtsvollzieher-Pärchen: sie mit der Ausstrahlung eines verkappten Fotomodells, er mit dem Liebreiz eines Henkersstricks. Von einem sensationsgeilen Kamerateam begleitet, gehen »Bonnie und Clyde« gemeinsam auf Schuldnerjagd, um noch ein paar Zahn- und Zahlungsmittellose mehr zur Strecke zu bringen - trotz angeblicher Überbeschäftigung.

Treten gemeinsam auf, wo doch beide ihren eigenen Bezirk haben

Zeigen Sie Ihre Zähne

Das kommt davon, wenn man nicht präsent ist

Immer wieder wird in der Sendung gezeigt, dass die Gläubigeropfer einfach nicht zu Hause anzutreffen sind. Bonnie und Clyde lassen dann per Schlüsseldienst die meist verwahrlosten Behausungen öffnen und haben dann freie Bahn für ihre Schnüffelei unter Betten und in Schränken. Meist stecken sie ihre Nasen in Brocken, die unsereins höchstens mit einer Kneifzange anfassen möchte. Da muss doch was zu finden sein, mit dem man armen Schweinen den finanziellen Strick noch etwas enger um den eh schon eingeschnürten Hals legen kann!

Ist es doch nicht für alle da - das Recht?

Und wenn die Schuldner doch zu Hause angetroffen werden, drängt man sie zu Versprechungen, die sie augenscheinlich niemals werden einhalten können. Jeder Cent, den diese mittellosen Menschen gerade noch parat haben, wird gnadenlos einkassiert - und tschüß! Diese (wenn auch mittellosen) Staatsbürger auf ihre Rechte hinzuweisen - auf die Idee ist diese Gerichts-Rotte noch nicht gekommen. Mag sein, dass das bei vielen Geschlagenen auch gar keinen Sinn gehabt hätte, weil sie die Belehrung ohnehin nicht verstehen würden. Aber dieses miese (Fernseh-)Spiel zeigt krass: Schnelle Aktenabwicklung und Geldmacherei zählen in Deutschland weit mehr als menschliche Schicksale.

Hier hat der Gläubiger auch nicht alle Tassen im Schrank

Eine »zahnlose«, allein stehende Dame, so zwischen 40 und 45 Jahren, hatte sich vor Jahren für rund 200 DM ein paar Töpfe zugelegt. Inzwischen sind die Schulden übergekocht - mit Zinsen auf über 3.500 €!

Zeigen Sie Ihre Zähne

Und die Gläubiger drehen immer noch die große Flamme auf: Alle - Gerichtsvollzieherin, Gerichtvollzieher und die völlig wehrlose, überforderte Schuldnerin - schüttelten darüber an dem müllbedeckten Wohnzimmertisch rat- und verständnislos die Köpfe.

Und das alles ohne Kaffee

Auch ich musste mir an die Stirn greifen: Was hatte die Schuldnerin nicht alles falsch gemacht?! So gut wie keinen potenziellen Fehler hatte sie ausgelassen.

Damit wenigstens Sie souverän mit dem Gerichtsvollzieher umgehen können, möchte ich Ihnen dieses Schreckgespenst einmal etwas näher bringen. Hier also die »Top Twelve« der meistgestellten Fragen rund um den Gerichtsvollzieher!

1. **Welche Voraussetzungen müssen vorliegen, damit der Gerichtsvollzieher überhaupt zu Ihnen kommt?**

   Dazu sind zwei Voraussetzungen nötig: Erstens muss einer Ihrer Gläubiger einen vollstreckbaren Titel gegen Sie erwirkt haben. Und zweitens muss er den Gerichtsvollzieher beauftragt haben, bei Ihnen die Zwangsvollstreckung durchzuführen.

   So ist das Spiel

   Gerichtsurteile oder Vollstreckungsbescheide können solche Titel sein. Allerdings nur dann, wenn Sie dagegen keine Rechtsmittel mehr einlegen können. Als Titel gelten auch vor Gericht geschlossene Vergleiche oder notarielle Urkunden.

   Wenn alle Vorausetzungen erfüllt sind

Zeigen Sie Ihre Zähne

Das zählt alles dazu

Laut Gesetz ist das Pfänden von Gegenständen in Ihrer Wohnung eine Zwangsvollstreckungsmaßnahme.

Damit darf erst begonnen werden, wenn Ihnen das Urteil oder der sonstige Titel vorher zugestellt worden ist. Zumindest müssen Ihnen diese Unterlagen vor Beginn der Zwangsvollstreckung durch den Gerichtsvollzieher übergeben werden.

<u>Der Gerichtsvollzieher muss sein Kommen nicht zuvor bei Ihnen anmelden.</u>

2. Müssen Sie den Gerichtsvollzieher hereinlassen, wenn er bei Ihnen klingelt?

Darauf kommen wir noch zurück

Sie sind nicht verpflichtet, dem Gerichtsvollzieher die Tür zu öffnen und ihn in Ihre Wohnung zu lassen. Auch dann nicht, wenn er es mehrfach bei Ihnen probiert.

Meine Erfahrungen

Meistens hinterlässt der Gerichtsvollzieher bei seinem ersten Besuch einen Zettel in Ihrem Briefkasten und kündigt seinen zweiten Besuch an. Machen Sie dann wieder nicht auf, lädt er Sie meistens zur Eidesstattlichen Versicherung.

Zeigen Sie Ihre Zähne

Allerdings sollten Sie Folgendes berücksichtigen: Hat der Gerichtsvollzieher zweimal erfolglos versucht, in Ihre Wohnung zu gelangen, kann er sich eine richterliche Durchsuchungsanordnung besorgen.

Jeder Gerichtsvollzieher hat da so seine Art und Weise

Damit kann er Ihre Wohnungstür öffnen lassen (z.B. mit Hilfe eines Schlüsseldienstes). Die Kosten dafür müssen Sie tragen. Wenn Sie unnötige Ausgaben vermeiden wollen, sollten Sie genau abwägen: Vielleicht ist es doch günstiger, den Gerichtsvollzieher freiwillig in die Wohnung zu lassen.

Haben Sie den Zugang verweigert, kann der Gerichtsvollzieher die Wohnung in Ausnahmefällen ohne Durchsuchungsanordnung betreten. Nämlich dann, wenn er eindeutige Anhaltspunkte dafür hat, dass Sie pfändbare Gegenstände beiseite schaffen wollen.

Der freiwillige Weg ist der beste

Der Gerichtsvollzieher kann zudem polizeilichen Begleitschutz anfordern, wenn er bei Ihnen auf Widerstand gegen die erlaubte Durchsuchung stößt.

Das muss nicht unbedingt sein!

Zeigen Sie Ihre Zähne

Das sollten Sie zunächst auch tun. Und erst dieses Buch zu Ende lesen

Die Eidesstattliche Versichtung müssen Sie nicht abgeben, wenn Sie sie innerhalb der letzten drei Jahre bereits abgegeben haben oder wenn Sie Verfahrensfehler feststellen. Ein solcher Fehler läge z. B. vor, wenn Ihnen der Schuldtitel nicht ordnungsgemäß zugestellt worden ist.

Bevor Sie jedoch in dem Termin die Abgabe verweigern, sollten Sie sich von Ihrer zuständigen Schuldnerberatungsstelle oder von der Rechtsantragsstelle des Amtsgerichtes beraten lassen.

3. Wozu ist der Gerichtsvollzieher berechtigt, wenn Sie ihn in Ihre Wohnung hereingelassen haben oder wenn er eine richterliche Durchsuchungsanordnung vorlegt?

Hierzu müssen Sie rechtlich eingerichtet sein

Und es ist immer besser, Sie sind mit von der Partie

Der Gerichtsvollzieher ist befugt, Ihre Wohnung zu durchsuchen. Zur Wohnung gehören auch Arbeits- und Geschäftsräume sowie z. B. Hof, Garten, Garage und Keller. Wenn Sie mit jemandem zusammenleben (Ehegatte/Lebensgefährte) oder sich Ihre Wohnung mit Dritten teilen (Wohngemeinschaft), so müssen Partner bzw. Mitbewohner die Durchsuchung dulden.

Zeigen Sie Ihre Zähne

Keinesfalls durchsucht werden dürfen Räume der Wohnung, die <u>ausschließlich</u> von dem Partner oder Dritten bewohnt werden.

Das müssen Sie dann auch sagen!

Im Rahmen der Durchsuchung kann der Gerichtsvollzieher auch verschlossene Zimmertüren und Behältnisse aller Art öffnen und durchsuchen. Das können z. B. Schränke sein, Truhen, Schubladen, Koffer, Aktentaschen und Taschen von Kleidungsstücken.

4. Welche Gegenstände kann der Gerichtsvollzieher pfänden?

Vorrangig ist der Gerichtsvollzieher an Bargeld interessiert, das Sie möglicherweise im Haus haben. Handelt es sich dabei um ausgezahlten Arbeitslohn oder Sozialleistungen, so muss er ausrechnen, wie viel davon überhaupt pfändbar ist. Er darf auf keinen Fall das gesamte Bargeld mitnehmen. Sie erhalten eine Quittung über den Betrag, den der Gerichtsvollzieher bei Ihnen pfändet. Sofern der Betrag ausreicht, die gesamte Forderung auszugleichen, erhalten Sie anschließend den entsprechenden Titel.

Das sucht wohl jeder

Wenn Sie kein Bargeld im Haus haben oder es nicht reicht, um Ihre Schuld inklusive Zwangsvollstreckungskosten auszugleichen, kann der Gerichtsvollzieher Gegenstände in Ihrer Wohnung pfänden.

Ist immer das Beste

Zeigen Sie Ihre Zähne

Dabei ist er aber an bestimmte gesetzliche Vorschriften gebunden.

Und die Gesetze kennen Sie ja bald

Gegenstände, die Sie zu einer „bescheidenen Lebensführung" benötigen, darf er nicht pfänden. Darunter fallen z. B. Kleidung, Wäsche, Haus- und Küchengeräte, Radio und Fernseher sowie Betten. Ausnahmen gelten dann, wenn es sich dabei um besonders luxuriöse Gegenstände handelt. Haben Sie z.B. einen Farbfernseher, kann dieser gegen einen Schwarzweißfernseher ausgetauscht werden. Der Gläubiger muss Ihnen ein solches Ersatzgerät zur Verfügung stellen (sog. Austauschpfändung).

Alles, was Geld kosten könnte, das will keiner

Auch Ihre Haustiere können selbstverständlich nicht gepfändet werden Darüber hinaus ist all das unpfändbar, was für Sie zur Ausübung Ihrer Berufstätigkeit (z.B. der Computer) erforderlich ist.

Ist doch abgetreten? Oder?

Sofern Sie ein Auto besitzen, um damit Ihren Arbeitsplatz zu erreichen, kann der Gerichtsvollzieher es grundsätzlich pfänden. Nur dann nicht, wenn Sie Ihren Arbeitsplatz auch mit öffentlichen Verkehrsmitteln erreichen können, ohne unverhältnismäßig viel Zeit dafür aufzuwenden.

Zeigen Sie Ihre Zähne

Wenn Sie die Fahrt zum Arbeitsplatz allerdings mit einem sehr teuren Auto bewältigen, kann dieses im Rahmen der sog. Austauschpfändung gegen ein billigeres Modell ausgewechselt werden. Haben Sie Ihr Auto sicherungsübereignet oder verpfändet, legen Sie dem Gerichtsvollzieher die vertraglichen Unterlagen sofort vor. Meistens ist er damit zufrieden und belässt es dabei.

Hier ist vorbeugen besser als tauschen lassen

Schmuck (Ausnahme: Ehering), Videokamera und Videorecorder oder Stereoanlage sind dagegen grundsätzlich pfändbar. Der Gerichtsvollzieher wird jedoch normalerweise nur diejenigen Sachen pfänden, bei denen er im Falle einer Versteigerung noch etwas bekommt. Besitzen Sie also lediglich eine alte Hifi-Anlage, die nicht mehr viel Geld wert ist, können Sie diese sicherlich behalten.

Ehering und Ehepartner wollen die anderen auch nicht

Hier macht Schrott nicht flott

5. Was geschieht mit den Gegenständen in Ihrer Wohnung, die Ihnen gar nicht gehören?

Wenn Sie mit einem Partner zusammen wohnen oder in einer Wohngemeinschaft leben, sollten Sie dem Gerichtsvollzieher unbedingt sofort mitteilen, welche Gegenstände Ihrem Partner bzw. Ihren Mitbewohnern gehören.

Dann bleibt auch nicht mehr viel übrig

Zeigen Sie Ihre Zähne

Sie können doch immer bei der Wahrheit bleiben?

Deren Eigentumsrechte wird er dann im Normalfall berücksichtigen, wenn Ihre Erklärung nicht falsch oder unglaubwürdig ist.

Besonderheiten gelten allerdings bei Verheirateten. Hier kann der Gerichtsvollzieher aufgrund der gesetzlichen Vorschriften erst einmal fast alles in Ihrem gemeinsamen Haushalt pfänden. Davon ausgenommen sind die Gegenstände, die ohnehin unpfändbar sind oder erkennbar nicht Ihnen selbst gehören. (z. B. Uhr des Ehepartners).

Am Besten gleich an Ort und Stelle klären

Pfändet der Gerichtsvollzieher dennoch Sachen, die dem Ehepartner ganz persönlich oder unbeteiligten Dritten gehören, müssen sich diese sofort dagegen wehren. Zunächst sollte der Eigentümer den Gläubiger anschreiben und auffordern, die gepfändete Sache innerhalb von z. B. einer Woche wieder freizugeben.

Um zu beweisen, dass die Sache wirklich nicht Ihnen, dem Schuldner also, gehört, sollten dem Brief entsprechende Nachweise beigefügt werden.

So wie z.B. beim Auto!

Als Eigentumsnachweis bietet sich u. a. der Kaufbeleg der gepfändeten Sache an. Oder eine Eidesstattliche Versicherung, entweder vom Eigentümer selbst oder - wenn es sich um ein Geschenk handelt - vom Schenkenden.

Zeigen Sie Ihre Zähne

Wenn der Gläubiger darauf nicht reagiert, muss der Eigentümer den gerichtlichen Weg einschlagen (sog. Drittwiderspruchsklage). Allerdings ist auch hierbei wiederum schnelles Handeln nötig, um die Versteigerung der Sache zu verhindern.

Mit viel Belegen viel bewegen

Sollten Ihnen Gegenstände (z. B. Videorecorder) noch nicht gehören, weil sie auf Raten gekauft wurden, können sie dennoch vom Gerichtsvollzieher gepfändet werden.

Weisen Sie den Gerichtsvollzieher jedoch auf den Umstand hin, dass noch Ratenzahlungen ausstehen. Der Gläubiger muss in dem Fall zunächst die restlichen Zahlungen an den Verkäufer der Sache leisten, bevor er sie im Rahmen einer Versteigerung verwerten lassen kann.

Ratenzahlungsbetrag bereit halten. Hilft meistens schon aus der Patsche

6. Darf der Gerichtsvollzieher die bei Ihnen gepfändeten Sachen sofort mitnehmen?

Laut Gesetz hat der Gerichtsvollzieher „gepfändetes Geld und sonstige Kostbarkeiten" (z.B. Briefmarkensammlungen, Schmuck und dergleichen) sofort mitzunehmen.

Schauen wir mal!

Zeigen Sie Ihre Zähne

Andere gepfändete Sachen sind dagegen grundsätzlich zunächst in Ihrer Wohnung zu lassen, es sei denn, dass dadurch „die Befriedigung des Gläubigers" gefährdet wird. Dieser Fall ist etwa dann gegeben, wenn der Gerichtsvollzieher befürchtet, dass Sie die gepfändete Sache noch beiseite schaffen werden. Dadurch würde die Verwertung der Sache durch eine Versteigerung verhindert.

Daraus können Sie auch noch zwölf Monatsraten machen

An den gepfändeten Sachen, die der Gerichtsvollzieher in ihrer Wohnung zurücklässt, bringt er ein Pfandsiegel („Kuckuck") als Zeichen der Pfändung an.

Ob Sie diese Sachen weiter benutzen dürfen, hängt vom Einzelfall ab. Ausgeschlossen ist eine Weiterbenutzung z.B. dann, wenn dazu das Pfandsiegel beseitigt werden müsste oder die Sache stark abgenützt werden würde. Im letzteren Fall wird der Gerichtsvollzieher den Gegenstand jedoch in der Regel ohnehin sofort mitnehmen.

Meistens ja!

Hier können Sie noch retten, was zu retten ist!

Die Versteigerung der gepfändeten Sache(n) darf übrigens grundsätzlich nicht vor Ablauf einer Woche seit Pfändung durchgeführt werden. Diese Frist soll u. a. Ihnen die Gelegenheit geben, die fällige Zahlung doch noch zu erbringen.

Zeigen Sie Ihre Zähne

7. Welche Konsequenzen hat es, wenn das Pfandsiegel („Kuckuck") auf einem Ihrer Gegenstände angebracht ist?

Durch das Anbringen des Pfandsiegels („Kuckuck") wird die Sache vom Gerichtsvollzieher für den Gläubiger gepfändet.

Nach der Pfändung dürfen Sie nicht mehr über die Sache „verfügen", d.h., Sie dürfen die Sache z.B. weder verkaufen, noch verschenken noch sonst wie beiseite schaffen. Ebenso wenig dürfen Sie das Pfandsiegel von der Sache entfernen.

Das würden Sie doch nie tun? Oder?

Sollten Sie diese gesetzlichen Pflichten nicht beachten, müssen Sie mit strafrechtlichen Folgen rechnen.

8. Welche Auskünfte müssen Sie dem Gerichtsvollzieher anlässlich der Durchsuchung Ihrer Wohnung geben?

Der Gerichtsvollzieher hat vom Gläubiger nur den Auftrag bekommen, Ihre Wohnung nach Geld zu durchsuchen bzw. Gegenstände zu pfänden. Deshalb sind Sie nicht verpflichtet, Auskünfte zu geben. Sie müssen nicht antworten, wenn Sie z. B. nach Ihrer Bankverbindung oder Arbeitsstelle gefragt werden.

Denken Sie immer daran: Sie sind nicht der Ermittler!

Zeigen Sie Ihre Zähne

Wer Geld haben will, sollte dafür auch was tun

Derartige Informationen muss sich der Gläubiger gegebenenfalls auf andere Weise beschaffen, um weitere Vollstreckungen (z. B. Lohnpfändung) durchführen zu können.

Sie müssen nur dann ausführliche Auskünfte erteilen, wenn der Gläubiger den Gerichtsvollzieher nicht nur mit der Pfändung beauftragt hat, sondern auch mit der sofortigen Abnahme der Eidesstattlichen Versicherung. In diesem Ausnahmefall sind Sie zu wahrheitsgemäßen, umfassenden Angaben über Ihre Vermögensgegenstände, Lohnansprüche usw. verpflichtet.

Ab hier kommt Ihr Recht zum Tragen

Sie können jedoch die umfassenden Auskünfte zunächst ablehnen, indem Sie der sofortigen Abnahme der Eidesstattlichen Versicherung durch Gerichtsvollzieher widersprechen. Dann setzt der Gerichtsvollzieher einen späteren Termin und den Ort (z. B. sein Geschäftszimmer) zur Abgabe der Eidesstattlichen Versicherung fest.

Zu diesem Termin müssen Sie geladen werden. Die Ladung muss Ihnen förmlich zugestellt werden.

Dies kann sogleich durch den Gerichtsvollzieher erfolgen.

Zeigen Sie Ihre Zähne

9. Welche Konsequenzen drohen Ihnen, wenn Sie zu dem anberaumten Termin nicht erscheinen oder sich weigern, die Eidesstattliche Versicherung abzugeben?

Sofern Sie zu dem festgesetzten Termin nicht erscheinen, müssen Sie Ihr Fernbleiben mit wichtigen Gründen glaubhaft entschuldigen (z. B. ernsthafte Erkrankung). Anderenfalls kann der Gläubiger beim Amtsgericht einen Haftbefehl gegen Sie beantragen, um so die Abgabe der Eidesstattlichen Versicherung von Ihnen zu erzwingen. Wird der Haftbefehl gegen Sie erlassen, kann der Gerichtsvollzieher Sie in diesem Fall aufsuchen und verhaften.

Hingehen! So nach dem Motto: Schick nie den Bürger, wenn der Baron gebraucht wird

Der Haftbefehl muss Ihnen nicht vorab zugestellt werden. Auch muss sich der Gerichtsvollzieher wiederum nicht anmelden.

Die Verhaftung durch den Gerichtsvollzieher unterbleibt, wenn Sie zum Zeitpunkt der Verhaftung Ihre Schuld begleichen können. Können Sie die von Ihnen geforderten Zahlungen nach wie vor nicht leisten, wird der Haftbefehl vollzogen. Ihre Entlassung aus der Haft erfolgt, sobald Sie die Eidesstattliche Versicherung abgegeben haben.

Es nie so weit kommen lassen

Zeigen Sie Ihre Zähne

Das muss gut begründet und plausibel sein

Konnten Sie dagegen den anberaumten Termin aus wichtigen Gründen nicht wahrnehmen und haben dies dem Gerichtsvollzieher mitgeteilt, wird der Termin verlegt.

Sofern Sie zu dem festgesetzten Termin zwar erscheinen, sich jedoch weigern, die Eidesstattliche Versicherung abzugeben, müssen Sie dafür Gründe nennen. Weigern Sie sich grundlos, die Eidesstattliche Versicherung abzugeben oder das Vermögensverzeichnis vollständig auszufüllen, kann der Gläubiger ebenfalls einen Haftbefehl gegen Sie beantragen - mit allen damit verbundenen Folgen!

10. Welche Bedeutung hat das Pfändungsprotokoll, das der Gerichtsvollzieher anfertigt?

Nur unterschreiben, was den Tatsachen entspricht

Bei jeder Vollstreckungshandlung muss der Gerichtsvollzieher ein sog. Pfändungsprotokoll anfertigen. Darin werden die wesentlichen Vorgänge festgehalten, z. B. Ihre Einwände gegen die Pfändung einzelner Gegenstände, etwa weil sie Ihrem Ehepartner gehören. Im Pfändungsprotokoll wird der Ablauf der konkreten Vollstreckungsmaßnahme dokumentiert. Es dient somit der Beweissicherung.

Zeigen Sie Ihre Zähne

Nach den gesetzlichen Vorschriften soll das Protokoll auch von Ihnen unterschrieben werden. Zuvor muss es Ihnen vorgelesen oder zur Durchsicht vorgelegt worden sein. Achten Sie darauf, dass alle für Sie wichtigen Punkte vom Gerichtsvollzieher im Protokoll korrekt festgehalten worden sind, besonders Erklärungen von Ihnen oder Dritten. Dann besteht in der Regel kein Grund, die Unterschrift unter das Protokoll zu verweigern. Sie sind allerdings nicht dazu verpflichtet, das Protokoll zu unterzeichnen. Ihre Weigerung zu unterschreiben wird dann ins Protokoll aufgenommen.

Das macht kaum ein Gerichtsvollzieher

11. Was versteht man unter einer „Taschenpfändung"?

Der Gerichtsvollzieher kann Sie auf der Straße anhalten und den Inhalt Ihres Portemonnaies überprüfen, ohne dass er dazu Ihre Einwilligung oder gar eine richterliche Durchsuchungsanordnung benötigt. Dies wird nur in seltenen Fällen vorkommen. Beispielsweise dann, wenn der Gläubiger konkrete Anhaltspunkte dafür hat, dass Sie größere Mengen Bargeld mit sich führen. Selbstverständlich müssen aber auch für diese Vollstreckungsmaßnahme die allgemeinen Voraussetzungen wie vollstreckbarer Titel und Auftrag zur Zwangsvollstreckung auf Gläubigerseite gegeben sein (siehe Punkt 1).

Wird heute nur noch in Ausnahmefällen gemacht

Die Form muss stimmen

Zeigen Sie Ihre Zähne

Dann sofort dagegen angehen

12. Was ist zu tun, wenn Sie den Eindruck haben, dass die Pfändung nicht ordnungsgemäß verlaufen ist?

Wenn Sie den Eindruck haben, dass der Gerichtsvollzieher z.B. zu viel gepfändet hat oder sonstige Fehler bei der Pfändungsmaßnahme vorliegen könnten, müssen Sie sich umgehend wehren. Denn hierbei gelten fast überall strenge Fristen.

Jede Quelle ausnutzen

<u>Hier sollten Sie sich Unterstützung holen. Ansprechpartner kann die für Sie zuständige Schuldnerberatungsstelle sein, die Ihnen Informationen zum weiteren Vorgehen geben kann. Die bekommen Sie aber auch bei der Rechtsantragsstelle Ihres Amtsgerichtes.</u>

Am wichtigsten ist aber, dass Sie das grundlegende Credo dieses Buches beherzigen: LAUFEN SIE NIEMALS WEG! Zeigen Sie sich, und packen Sie den Schuldenstier bei den Hörnern!

Zeigen Sie Ihrem Gläubiger und seinen Erfüllungsgehilfen einfach die Zähne. Nutzen Sie die Erkenntnisse, die Ihnen dieses Kapitel gebracht hat. Das Schreckgespenst Gerichtsvollzieher verliert ja schon viel von seinem Schrecken, wenn man es erst mal in Ruhe aus der Nähe betrachtet hat.

Auf zum Start-Ziel-Sieg!

Und im nächsten Kapitel erfahren Sie, wie Sie dieses Gespenst sogar erfolgreich in die Flucht schlagen können!

„Kuckuck" kann nicht ins Haus

Haben Sie sich inzwischen ein strapazierfähiges Nervenkostüm zugelegt? Und ein dickes Fell dazu? Beides werden Sie brauchen, wenn Sie eines nicht brauchen können: eine gerichtlich bestellte Schnüffelnase, die Ihre vier Wände unsicher macht. Auf den folgenden Seiten verrate ich Ihnen raffinierte Abblock-Tricks, wenn die Gerichtsvollzieherin oder der Gerichtsvollzieher bei Ihnen vor der Tür steht. Dann ist bei den meisten Menschen Holland in Not.

Und cool bleiben?

Ist Ihnen das auch schon passiert?

> „Herr Graf, draußen steht ein Mann." - „Bieten Sie ihm einen Stuhl an." - „Habe ich schon, aber er will alle Möbel!"
> - Unbekannt -

Mein Tipp, den Sie UNBEDINGT beherzigen müssen: Als Schuldner sollten Sie sich im Dialog mit dem Vollzieher einzig und allein auf Ihre Grundrechte berufen. Auskünfte und Mitteilungen über Ihre Vermögenswerte oder Besitztümer dürfen Ihnen NIE über die Lippen kommen! Lassen Sie sich auf gar keinen Fall in ein Gespräch verwickeln!

Bloß nicht plappern wie ein Papagei

„Kuckuck" kann nicht ins Haus

Da müssen Sie durch

Dieser Grundsatz muss bei allen Kontakten mit Gerichtsvollziehern und/oder Rechtpflegern oberstes Gebot sein. Zugegeben: Das sagt sich leicht. Gerade beim Erstkontakt werden Sie sich fühlen, als hätten Sie gerade einen Teller Reißnägel verzehrt. Wenn Sie meinen Tipps folgen, werden dennoch starke Schweißausbrüche nicht zu vermeiden sein. Sie werden den »Schuldner-Schmuck« tragen: Schweißperlen - auf der Stirn, unter den Achseln, sogar unter der Gürtellinie und bei klirrender Kälte. Ein Stuhlgang könnte sich vorzeitig anmelden.

Gemach! Machen Sie sich nicht in die Hose! Sogar so unangenehmer Besuch muss wieder gehen. Das ist so sicher wie der Räumungsverkauf beim Teppichhändler. Und die Besuchszeit geht rasend schnell vorbei.

Aller Anfang beginnt so

Mir ist es am Anfang genauso gegangen. Doch ich habe die meisten Gerichtsvollzieher als sehr nette Menschen kennen gelernt. Wirklich! Nun ja - Schlitzohren sind sie schon, die Ihnen gerne wertvolles Wissen aus der Nase zögen. Wenn die auf Ihrer Matte stehen, wollen sie vor allem:

- In Ihre Wohnung hereinspazieren!

Liste im Schnelldurchlauf

- Bargeld: entsprechend der vollen pfändbaren Summe nebst aller entstanden Kosten!

- Ihr Hab und Gut pfänden, wenn kein Geld da ist!

- Ihnen die Eidesstattliche Versicherung abnehmen, wenn von alledem nichts zu finden ist!

„Kuckuck" kann nicht ins Haus

Auf die EV sind sie besonders erpicht. Denn dann hätten die Jungs wieder mal eine Akte ohne große Mühe vom Tisch bekommen.

Die unabdingbare Voraussetzung für Ihre weiteren Schachzüge heißt: Cool bleiben! Auch wenn Ihnen das Herz hammerhart im Brustkorb pocht, weil dieser vermaledeite Zeitgenosse mit dem sehr »einnehmenden« Wesen schon vor Ihrer Tür lauert.

Können Sie durch Fenster, Türspione oder sonstige Gucklöcher erkennen, dass es ein Kuckuckskleber ist, der Einlass begehrt? <u>Dann halten Sie die Pforte geschlossen!</u> Die meisten Vollzieher hinterlassen nach 2 x Klingeln einen Besucherzettel und melden so ihre nächste Visite an. Die droht meistens 7 bis 14 Tage später, verteilt über ein 2-stündiges Zeitfenster, z. B. 11 bis 13 Uhr.

Auch wenn's juckt, die Bude bleibt zu!

Meldet sich immer so an!

> **Gelassenheit ist die angenehmste Form des Selbstbewusstseins.**
> - Marie von Ebner-Eschenbach -

Ein Freund von mir schiebt für diese Zeit immer auswärtige Termine vor. Oder er stellt seine Schelle ab und sich selbst auf die Vorladung zur Eidesstattlichen Versicherung ein. Zu dieser Keule greifen die meisten Gerichtsvollzieher - aus Bequemlichkeitsgründen.

Wie ist Ihre Zeit verplant?

„Kuckuck" kann nicht ins Haus

Vertreter der Gattung »Harter Hund« können aber auch Tage später mit einem Durchsuchungsbefehl bei Ihnen auf der Matte stehen. Dann wird's spannend!

Das kommt öfters vor, als Sie denken

Was aber, wenn Ihre kleine Tochter, der Sohnemann oder liebe Lebensgefährte dem gerichtsvollziehenden Menschen ahnungslos die Tür aufgemacht haben? Damit das die einzige Freude des Vollziehers bleibt:

<u>Stoppen Sie den Kuckuckskleber einfach, indem Sie nichts Vollstreckbares im Hause haben! Denn vor einem Nichts muss sogar der Gerichtsvollzieher kapitulieren.</u>

Ein Habenichts müssen Sie deshalb noch lange nicht sein: Es genügt, wenn Sie nichts in Gewahrsam (Besitz) haben, denn Ihr Eigentum außerhalb Ihres unmittelbaren Gewahrsamsbereichs ist für den Kuckuckskleber wegen ZPO § 808 I unerreichbar. Haben Sie einen Zimmernachbarn, wenn Sie wie z.B. Robert Stolze in seiner Studentenbude Ihre sieben Sachen auf den Tisch oder in den Schrank legen, und schon verlieren Sie eigenen Gewahrsam und der Gerichtsvollzieher seine Macht.

Ein Trick, den Sie kennen sollten

Dieses Beispiel aus Studentenkreisen können Sie auf größere Verhältnisse übertragen: <u>Dezentralisieren Sie Ihren Besitz!</u> Verteilen Sie Ihre Siebensachen auf sieben Firmen (so wie Ihr Hund sieben Knochen in sieben dezentralen, also verteilten Löchern vergräbt, damit ein anderer Köter nicht gleich alle sieben Knochen auf einen Streich erwischt, sondern allenfalls einen!).

Wo kein Knochen ist, da ist auch kein Fleisch zu finden

„Kuckuck" kann nicht ins Haus

Jetzt quält Sie sicherlich die Frage: »Muss ich den überhaupt in meine Wohnung lassen?« Die erfreuliche Antwort liefert folgender Zeitungsartikel:

> **hz Bonn.** - Der „Kuckuck", den die 3.000 Gerichtsvollzieher in der Bundesrepublik im Jahr rund sechs Millionen Mal auf Pfandgut kleben, hat seine Krallen verloren; zur Freude zahlungsunwilliger Schuldner, zum Leidwesen geschädigter Gläubiger. Die Gerichtsvollzieher beklagen einen unhaltbaren Zustand und verlangen eine Grundgesetzänderung.
>
> Seit 102 Jahren galt der Paragraph 758 der Zivilprozessordnung (ZPO). Wenn es morgens in aller Frühe klingelte und der Gerichtsvollzieher einen rechtskräftigen gerichtlichen Vollstreckungsauftrag präsentierte, wusste der Schuldner, dass ihm auch blitzschnelles Zuknallen der Tür nicht mehr helfen konnte. Denn der Gerichtsvollzieher durfte notfalls auch mit Gewalt eindringen.
>
> Am 3. April vergangenen Jahres entschied das Bundesverfassungsgericht, dass das Grundrecht der Unverletzlichkeit der Wohnung (Artikel 13 des Grundgesetzes) auch gegenüber dem Gerichtsvollzieher gilt. Das heißt in der Praxis: Der „Mann mit dem Kuckuck" darf eine Wohnung nur betreten, wenn der Wohnungsinhaber freiwillig zustimmt oder wenn der Gerichtsvollzieher einen richterlichen Durchsuchungsbefehl vorweist.
>
> „Wir haben ja 50 bis 60 Prozent-Stammkundschaft", sagt Bernhard Ludwig in Bonn. „Bei diesen Leuten kommt man nur zum Zuge, wenn man die Überraschung auf seiner Seite hat. Dieser Effekt ist aber jetzt dahin."
>
> Nach der Weigerung gehen die ganzen Akten wieder an den Gläubiger zurück, der nun beim Richter des zuständigen Amtsgerichts einen Durchsuchungsbefehl beantragt. Wenn wir dann nach drei bis acht Wochen zum zweiten Mal erscheinen, ist meist nichts mehr zu holen."

Die meisten Schuldner wissen das nicht

Auch das änderte sich!

Das gilt übrigens auch für so genannte „Vollstreckungsbeamte" der Behörden (z. B. Justiz- und Finanzamt), die Gerichtskosten, Steuern usw. eintreiben wollen.

Wussten Sie das?

Aber selbst ein Hausdurchsuchungsbefehl ist für Sie kein Grund, die Unterhose zu durchfeuchten.

145

„Kuckuck" kann nicht ins Haus

Das sollten Sie immer tun, um Zeit zu gewinnen

Denn gegen diesen Befehl können Sie nach ZPO § 793 sofortige Beschwerde einlegen und beantragen, dass der Zwangsvollstreckungsvollzug nach ZPO § 572 II+III ausgesetzt wird. Wie solch formlose Anträge gestellt werden, sollten Sie mittlerweile wissen. Ansonsten schauen Sie noch mal auf Seite 97 ff dieses Buches nach.

> **Meine Mama hat immer gesagt: Das Leben ist ein Schachtel Pralinen. Man weiß nie, was man kriegt.**
> **- Tom Hanks -**

Was aber, wenn die sofortige Beschwerde samt Aussetzungsantrag abgewiesen wird? Sogar dann muss der Kuckuckskleber auf den Überraschungseffekt verzichten, denn Sie können ihn für Erste abweisen, solange noch kein Hausdurchsuchungsbefehl vorliegt. Was ihm beim nächsten seiner Besuche noch in die Hände fällt, liegt dann ganz allein in Ihrer Hand.

Er oder sie kommen ganz bestimmt wieder

An den Hausdurchsuchungsbefehl muss sich der Vollzieher jedoch nur im häuslichen oder betrieblichen Bereich halten, also nicht unterwegs oder woanders. Den z. B. unter der Straßenlaterne geparkten Mercedes kann der Gerichtsvollzieher also auch ohne diesen Befehl mitnehmen (lassen).

Ganz locker hat er das gemacht

Aus dieser verzwickten Lage hat sich mein ausgeschlafener Freund mal ganz clever befreit. Er hielt den Kuckuckskleber eine Sicherungsübereignung für seinen Nobelschlitten unter die Nase. Die Karosse „gehörte" demnach seiner Lebensgefährtin.

„Kuckuck" kann nicht ins Haus

Verschnupft und ohne den Daimler erbeutet zu haben ist der Gerichtsvollzieher von dannen gezogen.

Also, wenn Gerichtsvollzieher oder Vollstreckungsbeamte des Finanzamtes kommen und unbedingt in Ihre Wohnung wollen, brauchen sie einen Durchsuchungsbefehl. <u>Verwechseln Sie diesen Besuch aber nicht mit anderen unangemeldeten und ungebetenen Gästen wie den Häschern der Steuerfahndung.</u> Diese treiben keine Schulden ein wie ein Vollziehungsbeamter, sondern ermitteln in Steuerstrafsachen und dürfen bei „Gefahr in Verzuge" zunächst ohne richterlichen Befehl bei Ihnen - und zu diesem Zwecke notfalls die Tür - eintreten! Das gilt erst recht, wenn die Staatsanwaltschaft mit der Kripo im Rahmen einer Fahndung bei Ihnen nicht einmal zweimal klingelt, sondern lieber gleich hereinstürmt. Deshalb sollten Sie sich unbedingt merken:

Auch hier gibt es Enttäuschungen

Das ist eine andere Abteilung

> **„Gefahr in Verzuge" gibt's für den Gerichtsvollzieher oder andere behördliche Vollstreckungsbeamte nicht! Die brauchen immer den Hausdurchsuchungsbefehl, wenn Sie als Schuldner auf dem Grundrecht der Unverletzlichkeit Ihrer Wohnung bestehen!**

Das trifft auf alle Schuldner zu, bei denen der Gerichtsvollzieher auf der Matte steht

Wissen Sie, was ein Philosoph ist? Jemand, der bei Nacht mit verbundenen Augen in einem verdunkelten Zimmer ohne Licht eine schwarze Katze sucht, die nicht vorhanden ist.

„Kuckuck" kann nicht ins Haus

Die Beschreibung trifft aber ebenfalls auf Gerichtsvollzieherinnen oder Gerichtsvollzieher zu.

Wo nichts ist, hatte auch der Kaiser schon sein Recht verloren

Denn sie oder er können keine Dinge pfänden, die es gar nicht gibt (zumindest nicht in Ihrer Wohnung). Dafür sollten Sie rechtzeitig sorgen!

Vor Zwangsvollstreckung schützt vor allem: vorsorgen! Erwerben Sie deshalb niemals formaljuristisch Eigentum z. B. nach §§ BGB 829 ff., 935 II, 873 + 1922 ff. Schalten Sie als Eigentümer[11] z. B. einen eingetragenen Verein vor, dessen Vorstand Sie sind. Ähnliche Schlupflöcher können Geschäftsführer einer GmbH bzw. GbR (die ist preiswerter) nutzen. Mit einer Ltd. können Sie Zwangsvollstreckungen ebenfalls aushebeln.

Hier ist vorbeugen besser als heilen

Die meisten Gerichtsvollzieher bleiben vor Ihrer Tür auf Distanz stehen. Stellen sich freundlich vor und bitten dann um Einlass. Nun, was haben Vollzieher und Vampire gemeinsam? Beide wollen Sie aussaugen. Und beide können ohne Ihre Erlaubnis nicht ins Haus. <u>Lassen Sie sich also nicht foppen - verweigern Sie den Zutritt!</u> Genauso freundlich, aber bestimmt. Das mag unangenehm sein. Ist aber unabdingbar wenn Sie wirtschaftlich nicht ausbluten wollen.

Zücken Sie rasch Ihr »Kruzifix«: das Grundgesetz der Bundesrepublik Deutschland!

---

[11] In meinem Buch »Mach Pleite und starte durch« habe ich es finanzsicher und nachvollziehbar beschrieben.

„Kuckuck" kann nicht ins Haus

Nur Mut! Verweisen Sie den Vollzieher in die Schranken - indem Sie auf Ihre gesetzlichen Rechte verweisen! Etwa so: »Auskünfte über meine Vermögensverhältnisse gebe ich erst, wenn es unbedingt nötig ist.«

Da müssen Sie dann durch

Ganz wichtig: Sachlich bleiben! Auch wenn Ihnen die Knie schlottern oder das Herz im Dreieck springt. Die meisten Kuckuckskleber ziehen sich zurück, sobald sie merken, dass mit Ihnen nicht gut Kirschen essen ist. Der Stoff, aus dem die Helden sind, wickelt sich nun mal nicht um jene artigen Memmen vom Gericht - Ärger und »Action« sind denen ein Graus.

Klar, jetzt kann der Hausdurchsuchungsbefehl kommen, aber den muss Ihr Gläubiger ja erst noch beantragen. Dass durch diese Aktenreiterei per Amtsschimmel zum Gläubiger oder dessen Gehilfen massig Zeit ins Land geht, versteht sich von selbst. Wieder eine Galgenfrist, die Sie nutzen sollten!

Es schleicht alles seinen Weg

Nun zum GAU: Der Kuckuckskleber steht doch tatsächlich ohne Hausdurchsuchungsbefehl mitten in Ihrer Wohnung - Ihre törichten Mitbewohner haben ihn hereingebeten. Dann bitten Sie ihn freundlich, aber energisch, Ihre Privatsphäre zu verlassen. Dass Ihr Feinripp-Schlüpfer dabei aufs Neue höchste Saugkraft beweisen muss, ist völlig klar - aber das weitaus kleinere Übel!

Bauen Sie sich vor ihm ganz massiv auf!

Was denn? Weigert der Kerl sich etwa, zu gehen??? Dann tragen Sie ihm im ganz ruhigen Ton, jedoch sehr eindringlich folgenden magischen Spruch vor:

149

„Kuckuck" kann nicht ins Haus

Ein wirklich heißes Eisen für jeden Beamten

»Ich werde gegen Sie bei Ihrem zuständigen Vorgesetzten eine Dienstaufsichtsbeschwerde einreichen!«. Die besteht zwar lediglich aus den drei berühmten F's:

- **F**ristlos
- **F**ormlos
- **F**ruchtlos

ABER: Auch wenn das nach außen hin so aussehen mag, so ist diese Beschwerde intern für den betroffenen Beamten doch mit ganz anderen F's verbunden: **F**olter, **F**rust und **F**luch-Attacken. Denn zunächst mal muss er mühsam Stift und Papier ergreifen, um zu der Dienstaufsichtsbeschwerde schriftlich Stellung zu nehmen. Überdies brennt sich der Vorgang regelrecht in die Personalakte ein. Oder der Staatsdiener muss bei seinem Vorgesetzten sogar persönlich zum Rapport antanzen. Was für ein **F**iasko!

Die Sprache wird dann verstanden

Diese Beschwerde wird die Personalakte des Betroffenen schier endlos lange verunzieren. Sie klebt wie Schmierseife auf den Trittflächen der Karriereleiter. Da kann man leicht abrutschen, wo doch eigentlich die heiß erwartete Beförderung und/oder Besoldungserhöhung ansteht. Deshalb werden Beamte oder deren Erfüllungsgehilfen immer ganz elektrisch, wenn Sie ein derart **f**ieses Geschütz auffahren. Ruckzuck ziehen sie den Schwanz ein - und sind froh, wenn sie Ihre Haustür noch von außen sehen.

Handeln Sie immer frühzeitig, couragiert und überlegt. Dann bekommt der Kuckuck bei Ihnen auch nichts zu futtern!

Kein Futter für den „Kuckuck"

Das letzte Kapitel sollte Ihnen nicht gleich zu Kopf steigen. Souveränität im Umgang mit Gerichtsvollziehern bringen Sie am besten mit guten Manieren zum Ausdruck:

Immer gelassen bleiben! Sie haben mehr Möglichkeiten, als Sie denken

1.) <u>Greifen Sie Gerichtsvollzieher niemals handgreiflich an!</u> Wenn Sie dem Kleber eine kleben, machen Sie sich strafbar.

2.) <u>Keine wüsten Beschimpfungen und/oder Beleidigungen Ihres Kuckucksklebers!</u> Denn auch verbale Rüpeleien können ein Strafverfahren nach sich ziehen.

Das haben Sie alles nicht nötig

3.) <u>Nie ausfallend werden!</u> Denn die Damen und Herren vom Gericht können am allerwenigsten für den Schuldenmist, den Sie mit verbockt haben.

Gerichtsvollzieher und Vollziehungsbeamte anderer Behörden haben sich mir gegenüber stets durch Freundlichkeit und Entgegenkommen ausgezeichnet. Sie waren immer mit mir auf der Suche nach einer Lösung.

Und doch wird man erst nervös!

Kein Futter für den „Kuckuck"

Nach einiger Zeit kommt Ruhe ins Spiel

Selbst der unsympathischste Kuckuckskleber war dazu bereit - solange er sich nicht durch falsche Versprechungen veräppelt gefühlt hat. Ob ich anfangs nicht doch mal ärgerlich und sogar laut geworden bin? Und wie!

> Die Zukunft kann man am besten voraussagen, wenn man sie selbst gestaltet.
> - Alan Kay -

Schließlich besaß ich noch nichts von dem Wissen, das Sie jetzt bequem nachlesen können. Doch die Kassierer haben mich schnell wieder auf den Boden der Schuldentatsachen gebracht - und zum Schweigen.

Da eröffnen sich neue Horizonte

Mein Tipp: Knoten in die Zunge! Faust in die Tasche! Ruhe in die Angelegenheit! Denn auf den nächsten 100 Seiten werde ich Ihnen zeigen, welche Möglichkeiten und Macht Sie noch haben! Und zwar viel mehr Macht, als es der Gegenseite (vom Gerichtsvollzieher bis hin zum Vollstreckungsgericht) lieb sein kann.

Wo wir nun schon mal vom Vollstreckungsgericht reden: Nur hier werden Ihre Anträge beschieden. Der Gerichtsvollzieher darf Ihre Anträge entgegennehmen; sie bescheiden darf er nicht. Wenn Sie ihm Ihren Antrag übergeben, hält er diesen Vorgang schriftlich in seinem Vollstreckungsprotokoll fest und reitet wieder von dannen.

Es ist Ihre sicherste Waffe

Und Sie wissen ja inzwischen:

Kein Futter für den „Kuckuck"

Anträge sind zwar verpönte, aber umso wirkungsvollere Sprengkörper, die Sie während des Verfahrens nahezu jederzeit in unbegrenzter Menge zünden können. Halten Sie diese Waffen während Ihrer Abwehrschlacht ständig im Köcher! Wie ich mit Anträgen gegen meine Kontrahenten Angriffe auf mich pariere, werden Sie auch bald spitz haben.

Beim seinem ersten Besuch dürfte Freund Schnuppernase noch ohne Hausdurchsuchungsbefehl erscheinen. Schließlich stellen die allerwenigsten Gläubiger bei ihrem Pfändungsgesuch einen entsprechenden Antrag. Sie gehen eben davon aus, dass der Schuldner nicht auf dem aktuellen Wissensstand ist. Dank dieses Buches wissen Sie es besser: Sie müssen den Kuckuckskleber nicht in Ihre Gemäuer lassen. Sollten Sie ihm irrtümlich die Tür geöffnet haben, schicken Sie ihn höflich, aber bestimmt und mit einem netten »Tschüß!« zu einem, der wirklich keine Ahnung von Gläubigerabwehr hat. Davon gibt's mehr als genug!

Immer steht er blauäugig vor Ihrer Tür!

Mein Tipp: Sagen Sie dem Vollzieher bei seinem Antrittsbesuch NIEMALS, dass Sie nichts besäßen und bei Ihnen nichts Pfändbares vorhanden sei! Ansonsten wird schnell eine Vermögenslosigkeit festgestellt. Damit hätten Sie bereits ein Ass aus Ihrem Ärmel verschenkt.

Versteht sich jetzt von selber

Beantragt die Gegenseite den Hausdurchsuchungsbefehl, wird der Gerichtsvollzieher einige Zeit später mit jenem richterlichen Dekret wieder bei Ihnen anklopfen.

Einfach machen

Kein Futter für den „Kuckuck"

Tritt dieser Ernstfall ein, ziehe ich immer einen vorbereiteten Antrag aus der Schublade:

Ganz einfach! Oder?

Amtsgericht
Gerichtsstraße 5

PLZ Gerichtsort

Ihre Plz, Ort, 15. Juli ....
Ihre Straße 55

Geschäftszeichen
Beschwerde gegen den Hausdurchsuchungsbefehl

Hiermit lege ich Widerspruch und sofortige Beschwerde gegen den Hausdurchsuchungsbefehl gemäß § 793 ein und beantrage die Vollzugsausetzung der Zwangsvollstreckung nach § 572 ZPO II+III.
Ich beantrage eine Entscheidung durch das Vollstreckungsgericht.

Die darf nie fehlen

Begründung:
Hiermit mache ich von meinem Grundrecht auf die Unverletzlichkeit der Wohnung nach Artikel 13 des Grundgesetzes Gebrauch.

Unterschrift

Diese »Bombe« habe ich einem Gerichtsvollzieher wirklich mal in die Hand gedrückt. Zunächst wand er sich wie ein Hamster in der Mikrowelle und wollte partout doch in meine Wohnung. Ich aber bestand partout auf einer Entscheidung des Gerichts. Das machte ich dem Sturkopf eindringlich klar - woraufhin er klein beigab, die Hausdurchsuchung sofort abbrach und den Antrag an das Vollstreckungsgericht weiterleitete.

Es geht immer Zeit ins Land

Die Rede-Mühe hat sich für mich ausgezahlt: Ich konnte dadurch weit über sechs Monate finanziell »Luft« gewinnen. Kurz vor Verfahrensende habe ich mich mit meinem Gläubiger verglichen und den Restbetrag wie gewünscht in Raten gezahlt.

Haben Sie den Gerichtsvollzieher bei seinem ersten Besuch in die Wüste geschickt?

Kein Futter für den „Kuckuck"

Dann sollten Sie für den Fall eines Hausdurchsuchungsbefehls gewappnet sein: Halten Sie den fertig geschriebenen Beschwerdeantrag griffbereit! Lassen Sie nur das Datum offen. Machen Sie es wie unser Altbundeskanzler Helmut Schmidt, und tragen Sie den Tag, an dem Sie den Antrag übergeben, von Hand nach. Sie können den Antragstext allerdings auch dem Kuckuckskleber persönlich in den Laptop diktieren.

Von den Großen übernehmen

> **Mut ist nur daran zu messen: wen man und wen man nicht auf seiner Seite hat.**
> - Ludwig Marcuse -

Ja, sogar ein nur handschriftlich fixierter Text macht aus einem Bogen Papier schon einen Antrag. Wichtig: Wahren Sie immer die bekannte Form, und bringen Sie auch die sofortige Beschwerde (in Form eines Antrags) zum Ausdruck. Vorgefertigte Anträge sind nach meiner Erfahrung allerdings die schärfste Waffe: Sie beschwören die wenigsten Diskussionen herauf.

So nach der alten Art und Sitte

Was aber, wenn der Kuckuckskleber trotzdem über Ihre Schwelle tritt, weil z. B. Ihr Beschwerdeantrag abschlägig beschieden wurde? Dann lassen Sie ihn gewähren! Er wird durch die Wohnung gehen und Ihr Inventar inspizieren. Sogar in Ihre Schränke kann er spähen.

Das machen die dann auch

Findet sich Ihr Name auf dem Türschild, dann geht Ihr Besucher ganz sicher davon aus, dass es sich tatsächlich um Ihre Wohnung handelt. Unter diesen Voraussetzungen wird er Sie filzen.

Kein Futter für den „Kuckuck"

Und dabei alle sichtbaren Gegenstände pfänden, die ihm wertvoll erscheinen. Sogar Sachen, die Ihnen von Dritten (Freunden oder Bekannten) lediglich zum bloßen Gebrauch überlassen wurden.

Machen Sie es: ohne viel darüber nachzudenken

Wirft er ein Auge auf Sachen, die sicherungsübereignet sind[12], dann sollten die Karten auf den Tisch legen.

Das hilft wie gute Medizin

Zeigen Sie der Gierkralle die Sicherungsübereignung. Noch besser: Übergeben Sie ihr eine Fotokopie davon (die sollte immer griffbereit liegen) als Anlage zum Pfändungsprotokoll. Lassen Sie diesen Vorgang unbedingt im Protokoll vermerken!

Haben Sie für diesen Fall nicht vorgesorgt, prangt auf einer nicht sichtbaren Seite des Pfändungsstücks das Pfandsiegel - der „Kuckuck". Jetzt muss der Eigentümer (der Drittschuldner, nicht Sie) Ihren Gläubiger SOFORT anschreiben und auf Herausgabe seiner Sachen bestehen. Am besten per Einschreiben mit Rückschein. Oder per Fax.

Jetzt blitzschnell handeln!

So geht es

<u>Einschreiben mit Rückschein</u>
Herr/Frau
Gläubigerstraße 155

<u>Plz Gläubigerort</u>

Aktenzeichen DR II 1850/..
<u>Herausgabe der gepfändeten Sachen</u>

Drittschuldner-Name

Gläubiger

59379 Selm, den 20. August ...
Ihrestraße 15

Sehr geehrter Herr Gläubiger,

Bei Herrn Schuldner wurden meine Gegenstände
   1.   Farbfernseher Sony

---

[12] Nutzen Sie hierfür das Wissen aus »Mach Pleite und starte durch«. Es hilft Ihnen Ihr Einkommen zu schützen.

Kein Futter für den „Kuckuck"

> 2. Computer mit Bildschirm
>
> durch den Gerichtsvollzieher gepfändet. Die Sachen gehören mir und nicht dem Schuldner.
> Ich fordere Sie auf, bis zum 27. August .... (7 Tage mehr nicht) mir und dem Gerichtsvollzieher die Freigabe meiner Sachen zu erteilen und mir dies schriftlich mitzuteilen.
> Sollte dies nicht geschehen, werde ich dies durch gerichtlichen Beschluss erwirken lassen.

Wenn Ihr Gläubiger nicht daran denkt, diese Sachen freizugeben, muss der Drittschuldner (nicht Sie) schleunigst Drittwiderspruchs- oder Interventionsklage (§ 771) einreichen. Und auch dem Gericht muss mitgeteilt werden, dass der Gläubiger keine Verfügungsberechtigung über die Gegenstände hat. Was natürlich bewiesen werden muss: mit Rechnungen oder Quittungen. Ebenso eilig ist der Antrag, die Zwangsvollstreckung der betreffenden Gegenstände einzustellen. Das kann in der Klageschrift getan werden oder parallel zu ihr.

Hier nicht locker lassen

> **Mutige Leute überredet man dadurch zu einer Handlung, dass man diese gefährlicher darstellt als sie ist.**
> **- Friedrich Wilhelm Nietzsche -**

In eiligen Fällen können Sie die Klage am Sitz des Amtsgerichts einreichen, das für die Zwangsvollstreckung zuständig ist. Beantragen Sie die Aussetzung der Versteigerung, bis die Entscheidung des zuständigen Gerichtes gefallen ist, bei dem die Klage eingereicht wurde (§ 769 ZPO).

Ein ganz wichtiger Schachzug

Leben Sie im Stand der Gütertrennung mit Ihrem Gatten oder Ihrer Gattin?

Kein Futter für den „Kuckuck"

Noch ist nicht aller Tage Abend

Auf diesen Umstand müssen Sie den Gerichtsgesellen sofort hinweisen, wenn er im Siegelklebe-Rausch Utensilien pfänden will, die Ihrem Ehepartner gehören. Dieser Einwand wird den Gerichtsvollzieher zunächst nicht daran hindern, interessanten Beutestücken sein Pfandsiegel anzuheften.

Trotzdem ruhig bleiben

Schmollt Ihr Ehepartner darüber? Besser wäre es, er oder sie reichte als Geschädigte/r eine Widerspruchsklage ein. So kann bewiesen werden, dass ihr oder ihm die gepfändeten Dinge gehören. Aus diesem Besitzverhältnis ergibt sich, dass die Zwangsvollstreckung (Pfändung) aus dem Titel gegen Sie unzulässig ist. § 1362 BGB erlaubt dem Vollzieher, zu vermuten, dass der jeweilige Schuldner (also Sie) ebenfalls Eigentümer der Sachen ist. Davon ausgeschlossen sind persönliche Gegenstände, z. B. Kleidungsstücke oder Schmuck.

Das soll er mal machen

Aufgrund der Widerspruchsklage kommt es zu einem neuen Verfahren. Hier kann Ihr Gläubiger selbstverständlich behaupten, der eingangs erwähnte Sicherungsvertrag beispielsweise sei ungültig. Dann muss er aber beweisen, dass zwischen den Parteien keine Gegenleistung erbracht worden ist. Ein solcher Nachweis ist praktisch und faktisch unmöglich.

Fein raus sind Bürogemeinschaften: Auch hier kann sich der Kuckuck so gut wie nirgends niederlassen. Vorausgesetzt, Sie hüten Ihre Zunge wie die Glucke ihre Küken. Zurückhaltung ist oberstes Gebot! Verweisen Sie immer nur auf Ihre Grundrechte.

Kein Futter für den „Kuckuck"

Immer ganz dezent! Auch wenn Sie innerlich brodeln wie ein Kessel unter Volldampf.

Gepfändet werden kann so oder so nur bei dem Schuldner, gegen den der Titel vorliegt. Bei keinem anderen! Doch in der Panik, die diese Situation auslöst, wird dieser beruhigende Umstand schnell vergessen: <u>Ihnen allein soll das Schuldenfell abgezogen werden, niemandem sonst.</u> Warum ich das so ausdrücklich erwähne? Weil ich selber erst lernen musste, diesen gegen mich gerichteten Umstand zu nutzen.

Gegen keinen anderen

Ziehen Sie sich als Schuldner z. B. in eine Lebens- und Wohngemeinschaft zurück, können Sie sich einer fast uneinnehmbaren Bastion sicher sein. Hier kann Ihr Schutz vor Pfändungsmaßnahmen der Kuckuckskleber allumfassend werden. Die Absicht des Gläubigers, bewegliche Gegenstände pfänden zu lassen und in ihren Besitz zu gelangen, wird fast unmöglich gemacht. Warum? Weil ich bewegliche Güter nur noch benutze, aber nicht länger besitze. Haben Sie diesen Wink verstanden? Bestimmt.

Hier wird's für Sie ganz spannend

Denn zählt es etwa nicht zu den Sieben Welträtseln, warum sich vollstreckbare Titel immer nur gegen die Person als Teil einer Lebensgemeinschaft richten, der in der Wohnung rein gar nichts gehört? Ja, ja, Gläubiger können einem fast Leid tun in ihrem fruchtlosen Bemühen, das Gegenteil zu beweisen. Ach - Ihnen wird beim Lesen dieser Zeilen gerade bewusst, dass Sie als Mitbewohner nur noch Eigentümer eines ollen Rasierpinsels sind? Na, so ein Zufall ...

Och, na so was

Kein Futter für den „Kuckuck"

Hier wird's unmöglich

Noch schwieriger gestaltet sich Kuckucks Futtersuche in Wohngemeinschaften (Wohnungen), wenn dort mehrere unabhängige Personen leben. Festzustellen, welcher Gegenstand einzig und allein dem Schuldner gehört, ist so unmöglich wie die Antwort auf die Frage, was vor dem Urknall war. Denn erst mal müssen alle Bewohner, mit denen der Schuldner zusammen wohnt, der Durchsuchung der Wohnung zustimmen.

Ganz selbstverständlich natürlich

Natürlich macht das niemand. Und schon kann sogar ein richterlicher Beschluss selbst dem klebefreudigsten Vollzieher nicht mehr zu seiner Passion verhelfen. Es sei denn, es stünde unzweifelhaft fest, dass ein bestimmter Raum dem Schuldner zur alleinigen (!) Benutzung zugewiesen ist. Das zu beweisen ist bei einer Wohngemeinschaft aber völlig unmöglich. <u>Mein Tipp: Perfekten Schutz vor Vollstreckungsmaßnahmen genießen Sie ganz eindeutig in einer Wohngemeinschaft!</u>

Auch hier ist dann das letzte Wort noch nicht gesprochen

Sollte der Kuckuckskleber beim Durchstöbern Ihrer vier Wände merken, dass nichts zu pfänden ist, stellt er die »Pfandlosbescheinigung« aus. Das wird ins Pfändungsprotokoll eingetragen. Dann ist's amtlich: Der Rundgang in Ihrer Wohnung ist ohne Erfolg verlaufen; es wurden keine pfändbaren Gegenstände gefunden. Für Ihre Gegner war die Aktion damit ein Zeitverlust - für Sie hingegen ein Zeitgewinn. Natürlich drohen Ihnen noch weitere Maßnahmen. Doch auf die können Sie sich jetzt vorbereiten.

Na, schon was gezahlt?

Und das Wichtigste: Bislang haben Sie noch keinen Cent bezahlt. Oder doch?

Autsch, Konto blockiert

Sie durchleiden eine üble Schulden-Durststrecke. Warum gibt denn das ausgelutschte Girokonto bloß nichts mehr her? Und die trocken gelegten Sparbücher auch nicht? Tja, Sie werden - wie viele angeschlagene Schuldenmacher - schon jeden Cent locker gemacht haben, um aus der finanziellen Wüste wieder raus zu kommen.

Wenn's eng ist, wird es hier noch enger

Ist alles ausgeschöpft, was ihre einst munter sprudelnde Bank-Geldquelle hergegeben hat, fragen mich doch tatsächlich noch einige Schuldner ganz treuherzig: »Was ist denn eigentlich mit meinem Konto? Kann der Gläubiger da auch pfänden?« »Er kann, wenn er einen Titel gegen Sie hat - und nicht nur da!«, antworte ich dann immer.

Er kann überall und nirgendwo pfänden. Alles reine Geldsache

In meiner langen Schuldnerkarriere musste ich mich kaum mit Kontopfändungen abplagen: im Privatbereich Gott sei Dank nie; geschäftlich schon mal hier und da. Zu diesem Zweck habe ich von Anfang an ein besonderes System eingesetzt. Das möchte ich Ihnen dringend ans Herz legen:

> 1.) Privat habe ich NIRGENDWO, auch auf keinen Briefbogen, meine Konten offen gelegt.

Weniger Info ist mehr

161

Autsch, Konto blockiert

Resultat: Die Konten sind kein einziges Mal kaltgestellt worden.

Das habe ich nach der ersten Erfahrung umgestellt

2.) Bei der Weitergabe meiner geschäftlichen Kontodaten habe ich immer extreme Vorsicht walten lassen. Auf KEINEM meiner Geschäftsbriefe finden sich meine Bankverbindungen. Daher werden die so gut wie nie von Lieferanten, Finanzämtern und anderen Schnellvollstreckern herausgefunden.

Von diesem Prinzip rücke ich nur bei Ausgangsrechnungen ab, also da, wo ich von meinen Kunden kassieren kann. Denn die brauchen meine Bank-Info natürlich.

Die Firma muss nur sauber sein

3.) Wenn immer es ging, habe ich Unterkonten von Firmen benutzt, an denen ich beteiligt war.

Früher, in jugendlicher Unbekümmertheit, bin ich mit diesen sensiblen Daten viel freizügiger umgegangen. Zum Glück ging damals alles gut.

Dann kam erstmals die Phase, in der ich meine Schulden bereinigen musste.

Handeln ist das Zauberwort

Es war etwa anderthalb Jahre nach meiner Geschäftseröffnung, mitten in der Anfangsphase. Draußen brannte die Morgensonne, mir aber gefror das Blut: Das Finanzamt hatte soeben mein Konto an die Kette gelegt. Gerade jetzt, wo ein größerer Betrag eingegangen war. Wie hatten die Stempelschwinger das bloß riechen können?

Autsch, Konto blockiert

Sofort habe ich mich mit der Vollstreckungsbehörde in Verbindung gesetzt.

Mit dem Vollstreckungsbeamten kam ich schnell klar: Ich beglich sofort einen Teil der Schulden. So konnte ich durch Zahlung eines vergleichsweise kleinen Betrages noch am gleichen Tag mein Konto wieder frei bekommen und über den Restbetrag verfügen.

Haben fast alle sehr viel Verständnis

> „Das Schweigen von gestern rechtfertigt nie das Schweigen von heute." - Otto Schily -

Mein Tipp: Aktiv werden! Setzen Sie sich sofort mit dem Gläubiger in Verbindung, wenn der Ihr Konto blockiert. Bieten Sie ihm einen kleinen Betrag an. Und machen Sie sogleich einen Vorschlag, wann das restliche Geld fließt. Dann lockern Kontoblockierer die Riegel meistens wieder.

Auf diese Weise lassen Behörden fast immer mit sich reden. Das Wichtigste: Lassen Sie Ihren Worten Taten folgen, und halten Sie Ihre finanziellen Zusagen ein! Brechen Sie hingegen Ihr Versprechen, müssen Sie später bei Ihrer Kontoführung mit verdeckten Karten spielen, also andere Namen angeben. Denn Amtsschimmelreiter sind doch auch nur Menschen: Bei einem Wortbruch kommen sie Ihnen nie mehr entgegen, sondern werden wie UHU stur an Ihrem Konto kleben. Bei späteren Zahlungsschwierigkeiten sollten Sie unbedingt anrufen und eine neue Gnadenfrist aushandeln.

Hier gilt noch: Ein Mann – ein Wort

Das klappt meistens auch

Autsch, Konto blockiert

Hier finden Sie auch ein offenes Ohr

Auf der geschäftlichen und privaten Ebene sieht das ganz anders aus.

Sie können Glück und es mit einem Großkonzern zu tun haben, der Geld wie Heu hat. Der kann und wird Ihnen wahrscheinlich entgegen kommen. Was aber, wenn sich der Kontobremser als Leidensgenosse erweist, dem wie Ihnen das Wasser bis zur »Unterkante Oberlippe« steht? Und der froh ist, dass er den Fisch endlich am Haken hat und bloß nicht locker lassen will?

Ist zwar schmerzhaft: Aber man kann nicht immer gewinnen

Dann haben Sie die Arschkarte gezogen! Graben Sie Ihre Zähne in den sauren Apfel, denn von diesem Haken kommen Sie nicht mehr los. Das Geld können Sie abschreiben, ganz sicher. Gewiss eine schmerzvolle Erfahrung. Trotzdem, sehen Sie's positiv: Jetzt quengelt ein Quälgeist weniger in der Warteschlange Ihrer Gläubiger.

Also, Ihre Konten kann nur jemand pfänden, der den entsprechenden Titel hat: den »Pfändungs- und Überweisungsbeschluss«, der in Fachkreisen gern zum Kürzel »PFÜB« eingedickt wird. Damit wird Ihr Konto zunächst lahm gelegt. Es herrscht absolutes Zahlungsverbot für die Bank!

Darauf können Sie sich verlassen

Der PFÜB, der vom Gläubiger bei Gericht beantragt werden muss, wird Ihrer Bank oder Sparkasse vom Gerichtsvollzieher zugestellt. Zunächst auf seine Kosten, die er Ihnen anschließend in Rechnung stellen wird. Tage später entstellt der Pfändungs- und Überweisungsbeschluss dann Ihren Briefkasten.

Autsch, Konto blockiert

Sie werden trotzdem schon eher feststellen, dass Ihr Konto außer Gefecht gesetzt ist.

Dann schnappen Sie nach Luft

Entweder, weil der Kontoführer Ihrer Bank anruft. Oder weil Ihre Versuche erfolglos bleiben, Geld von Ihrem Konto abzuholen oder zu überweisen. Autsch! Gönnen Sie sich eine Schrecksekunde (oder auch zwei oder drei) - und gehen Sie dann zum Handeln über. Sofort! Wenn Sie Ihr Konto wieder flott machen wollen, müssen Sie ebenso flott agieren. Natürlich nur, wenn Sie darauf angewiesen sind. Hat es eh ein brach liegendes Konto getroffen, können Sie sich jetzt ja ins Fäustchen lachen, weil Ihr Gläubiger ins Leere gestürmt ist.

Wie ein Stier ins rote Tuch

Wenn Ihnen das Wasser nicht nur bis zum Halse steht, sondern Sie die ersten Wellen schon geschluckt haben, rate ich Ihnen zu verdeckten Konten. Am besten führen Sie kein einziges Konto mehr auf Ihren Namen.

Das ist im Grunde genommen ganz einfach. Nutzen Sie die Bankverbindung von:

- Lebenspartner(in)
- Freund oder Freundin
- einer kleinen Gesellschaft, z. B. GbR
- Ihres eigenen Vereins
- Unterkonten einer GmbH oder Ltd.

Sollten keine Schulden haben und SCHUFA-sauber sein

Machen Sie aber einen Bogen um »tote Vögel«, die selbst im Schuldensumpf stecken. Außerdem sollten Sie das Konto Ihrer Helfer <u>nur im Guthaben</u> führen!

Ganz wichtig!!!

Autsch, Konto blockiert

Es muss Ehrensache für Sie sein, sich an diesen Grundsatz zu halten. Wenn Sie hilfsbereite Unbeteiligte noch in Ihr Schuldenchaos mit reinziehen würden - das wäre doch eine Riesensauerei, oder etwa nicht?

Das dürfte Ihnen jetzt wohl klar sein

<u>Ein für alle Mal: Brechen Sie mit dem ständigen »Konto-Pump«!</u> Anders werden Sie Ihre Lebensqualität nie zurückbekommen.

Ihre Chance: Bei Gesellschaften können Gläubiger nur noch in die Geschäftsanteile pfänden. Und das auch nur, wenn Sie an diesen Gesellschaften persönlich beteiligt sind. Sonst nicht. Denn jede Gesellschaft gilt als selbstständige juristische Person. Kontopfändungen? Hier nahezu unmöglich!

> **Wir bleiben nicht gut, wenn wir nicht immer besser zu werden trachten.**
> - Gottfried Keller -

War hartnäckig mit ihren falschen Ansichten

Unmöglich führte sich mir gegenüber auch mal eine Sachbearbeiterin jener Bank auf, die sonst immer »den Weg frei machen« will. Zuvor war ein persönlich auf mich ausgestellter PFÜB auf die GbR, an der ich beteiligt war, „erweitert" worden - mal eben so durch besagte übereifrige Mitarbeiterin.

Die leben sowieso in einer anderen Welt

Nachdem ich sie am Telefon nicht eines Besseren belehren konnte, ließ ich mir den Leiter der Rechtsabteilung geben. Flugs machte der mir den Weg tatsächlich frei: Das Hindernis vor dem GbR-Konto wurde binnen weniger Minuten weggeräumt.

Autsch, Konto blockiert

Was lernen wir daraus? Dass sachbearbeitende Menschen von solch juristischen Finessen oft absolut keine Ahnung haben. Weil sie eben in einer finanziell heilen Welt leben. Der Experte weiß eben mehr - und Sie werden doch jetzt einer. Oder nicht?

Hier der Wink mit dem Zaunpfahl: <u>Wenn Sie Ihr Einkommen z. B. über eine GbR[13] absichern, dann haben gefälligst Forderungen der anderen Gesellschafter gegen Sie zu bestehen. Natürlich haben Sie bei der Gesellschaft einen Kredit aufgenommen oder Leistungen noch nicht bezahlt.</u> Machen Sie das Ihrem Gläubiger glasklar - per Brief:

Überlebenswichtig

Ihr-GbR-Name

Herr/Frau Gläubiger
Gläubigerstraße 155

Plz Gläubigerort

59379 Selm, den 30. August ...
GbR-Straße 15

Aktenzeichen ..../..
Pfändung in die Geschäftsanteile

Sehr geehrter Herr Gläubiger,

hiermit teilen wir Ihnen mit, dass die Pfändung in den Gesellschaftsanteilen von Herrn Schuldner .... angekommen ist.

Leider hat Herr Schuldner .... bei uns noch ein Darlehn und/oder Leistungen in Höhe von ..... Euro offen. Die müssen wir leider vorrangig ausgleichen.

Es tut uns Leid, Ihnen keine andere Auskunft geben zu können.

Mit freundlichen Grüßen
Sowieso GbR

Partner in der GbR

Kurz und knapp

---

[13] Wie Sie Ihr Einkommen verbessern und vor allem absichern können, finden Sie ausführlich in »Mach Pleite und starte durch«.

Autsch, Konto blockiert

Mit dieser List können Sie den Gläubiger abwimmeln, wenn er in Ihren Gesellschaftsanteilen wildert. Sind Sie auf den Geschmack gekommen?

Einfach und erfolgreich

In »Mach Pleite und starte durch« finden Sie viele weitere Tricks desselben Kalibers! Solch großkalibrige Abwehrgeschütze waren es denn auch, die ich damals bei meiner Rademacher & Fischer GmbH aufgefahren hatte. Und die sorgten für Ruhe im Bau (abgesehen von einem zaghaften Nachhakversuch). Die von keinem Gläubiger gestörte Stille hielt sogar noch, als ich die Schreiben als Geschäftsführer selber unterzeichnete.

Füttern Sie nicht fremde tote Vögel

Mein Tipp: Flüchten Sie sich bei Ihrer Suche nach einem verdeckten Konto bloß nicht ins Nest eines finanziell toten Vogels, dem selber der Geld-Frack lichterloh brennt! Dann was kann passieren, wenn bei ihm gepfändet wird? Er ist dank Ihres Geldes mit einem Schlag seine Schulden los - und Sie Ihre sicher geglaubten Finanzmittel. Das wäre dann wirklich dumm gelaufen!

Sie sehen: Es ist für die Gläubiger fast unmöglich, an Sie heranzukommen. Sie brauchen lediglich eine Person, der Sie vertrauen können - schon erlangen Sie Ihre finanzielle Beweglichkeit zurück. Zu meinem Freund, meiner Lebensuniversität, sage ich immer: »Wenn zwei wie Pech und Schwefel zusammenhalten, ist das wie eine Mauer!«

Autsch, Denkapparat blockiert

An dieser virtuellen, diamantharten Mauer können sich bald auch Ihre Gläubiger die einfallslosen Pfändungsköpfe einrennen.

Lohn & Brot behalten

Stehen Sie bei einem Arbeitgeber in Lohn und Brot? Binden Sie das einem Gläubiger bloß niemals auf die Nase. Bekommt er nämlich spitz, wo Sie Ihr Knäcke verdienen - ups! Dann wird es meistens nicht lange dauern, und ein Pfändungs- und Überweisungsbeschluss wird beim Arbeitgeber und dann bei Ihnen angerauscht kommen. Wobei es gut sein kann, dass Sie sich das Grab selbst geschaufelt haben: Sie wären nicht der Erste, der - erleichtert darüber, dass der Gläubiger bei der Schuldenregulierung nettes Entgegenkommen zeigt - Schuldner-Geheimnisse ausschnattert wie eine Gans.

Auch hier ist Schweigen Gold wert!

Tut ja dann so gut

> **Vertrauen wird dadurch erschöpft, dass es in Anspruch genommen wird.**
> **- Bertolt Brecht -**

Verständnis heuchelnd, entlocken clevere Geldgeber ihren Gläubigern solch brisante Informationen. Als ich meinen Schuldner-Grünschnabel noch nicht so unter Kontrolle hatte, ist mir das auch passiert: Prompt hatte ich den Ärger am Hals - und mein Arbeitgeber den PFÜB auf dem Schreibtisch.

Der Kutscher kennt den Weg!

Lohn & Brot behalten

Tat zwar weh, doch war nicht so schlimm

Und dann wurde mein Lohn radikal bis auf die Pfändungsfreigrenze reduziert. Da ich jedoch immer mehrere Beschäftigungsverhältnisse gleichzeitig hatte, konnte mich dieser Torpedotreffer zwar finanziell anschlagen, aber nicht versenken. Doch bei Ihnen sieht es vielleicht ganz anders aus.

Mein Tipp: Erzählen Sie Ihrem Gläubiger REIN GAR NICHTS über Ihren aktuellen Brötchengeber. Was aber, wenn es für dieses Schweigegelübde schon zu spät ist? Dann müssen Sie schnellstens die Weichen stellen, damit Sie die verdienten Brötchen weiterhin schmieren und belegen können.

Hier zetteln Sie Ihre Probleme selber an!

Der Kuckuckskleber vermerkt in der Pfandlos-Bescheinigung Ihren Arbeitgeber mit genauer Anschrift - sofern Sie ihm diese Informationen dummerweise ausplaudern. Ihr Gläubiger kann mit der Pfandlos-Bescheinigung beim Vollstreckungsgericht einen Pfändungs- und Überweisungsbeschluss erwirken. Der wird Ihrem Arbeitgeber und Ihnen zugestellt. (Allerdings nicht gleichzeitig: Komischerweise erhält der Schuldner diesen Wisch immer erst ein paar Tage später.) Jetzt hat der Gläubiger das Recht, den pfändungsfreien Teil Ihrer Entlohnung unmittelbar vom Arbeitgeber einzuheimsen. Solange, bis seine Forderungen nebst Kosten und Zinsen bezahlt sind. Dann erlischt der PFÜB.

Bis dahin ist es oft ein weiter, langer Weg

In die Röhre guckt Ihr Gläubiger, wenn Ihr Verdienst die Pfändungsfreigrenze nicht überschreitet. Dann war der PFÜB umsonst.

Lohn & Brot behalten

Heulen und Zähneknirschen herrscht bei Ihrem Gläubiger auch, wenn bei Ihrem Arbeitgeber schon zahlreiche Vorwegpfändungen bzw. Abtretungen vorliegen. Dann war der PFÜB für Ihren Quälgeist ein Volltreffer - in den Ofen! Hierzu habe ich in der »Juristischen Hausapotheke - Juristentricks der Spitzenklasse« den wunderbaren Artikel „Vorwegpfändungen" gefunden, verfasst von dem leider verstorbenen rechtssicheren und pffiffigen Rechtsanwalt a.D. Albert Matusch:

Nichts ist Unmöglich – TOYOTA lässt grüßen

Vorwegpfändung

ist in den wesentlichen Zügen bereits unter den Stichwörtern "Beschlagnahmte Guthaben" (hinsichtlich Konten-und Guthabenspfändungen nach den ZPO=§§ 829, 845) und "Gerichtsvollzieher stoppen" behandelt (hier hinsichtlich der Pfändung von Sachen).

Rechtsgrundlage : § 804 III ZPO.

Danach herrscht im ZMZwangsvollstreckungs-)-Recht das sog. "Windhundprinzip": Welcher Gläubiger zuerst kommt (vollstreckt), der schöpft den Rahm ab. Die anderen können sehen, was übrig bleibt, selbst wenn ihre Titel älter sind. Wenn nichts mehr bleibt, hatten sie Pech (und Schuldner Glück). Glück, wenn der erste "Windhund" Gläubiger sein Kumpel ist und proforma seinen ganzen Rahm (des Schuldners) abgeschöpft (= vollstreckt hat), um ihn Schuldner hintenrum klammheimlich wieder auszuzahlen.

Das hätte ich gerne früher gewusst

Besser:

Schuldner schickt gleich die Rechnungen an Kumpel Gläubiger 1, den "ersten Windhund", denn wenn Gläubiger 1 an Schuldner Glück zurückzahlt oder zurückgibt (auch: zurückabtritt nach einer Pfändung nach § 829 ZPO), könnten das die anderen Gläubiger (Gläubiger 2 ff.) merken und doch noch rasch vollstrecken.

Lohn & Brot behalten

Bitte genau lesen und studieren

Und damit Gläubiger 1 auf keine dummen Gedanken kommt und mit dem abgeschöpften Rahm von 5 abhaut (oder ihn nicht mehr herausrückt, da selbst auf den Geschmack gekommen), - sollte 5 im guten freundschaftlichen Einvernehmen mit Gläubiger 1 von vornherein ein gerechtes Gegengewicht schaffen.

Gläubiger 1 kann ja sowieso gegen Schuldner Glück nur auf Grund eines Titels vollstrecken, und da das Ganze im Grunde ein abgekartetes Spiel ist, wird auch so ein Titel nur proforma als (ZV=1 Vorwand "besorgt." Am einfachsten, indem Gläubiger 1 gegen Schuldner einen MB (Mahnbescheid) beantragt und S weder Wider- noch Einspruch einlegt, so dass der MB zum VB (Vollstreckungs-) Bescheid und anschließend endgültig rechtskräftig und vollstreckbar wird. - Genauso aber verfährt Schuldner gegen Gläubiger 1 in umgekehrter Richtung. Auch Schuldner beantragt einen MB gegen Gläubiger 1 in gleicher Höhe, der ebenfalls wie geschildert rechtskräftig wird. So ein Titel verjährt nach § 218 BGB erst nach 30 Jahren. Schuldner kann ihn also beruhigt in die Schublade oder sonst an einen geheimen Ort stecken.

Noch Fragen, Kienzle?

Sollte nun Gläubiger 1 wie angedeutet doch noch auf dumme Gedanken kommen, so könnte Schuldner sogleich mit seinem Titel mit gleicher Münze heimzahlen.

Natürlich können beide noch einfacher zum gleichen Ziele kommen, indem sie alle ihre Vermögensgegenstände wechselseitig abtreten (Forderungen) oder ver-"leasen" (neuhochdeutsch, z. B. vermieten oder verpachten, wenn es sich statt um Forderungen um Sachen handelt). - Bei Sachen freilich kann dennoch vollstreckt werden, weil sie sich im Verfügungsbereich des S befinden, § 808 I ZPO. Gläubiger 1 müßte dann Vollstreckungsgegenklage nach § 771 ZPO erheben (bei Sicherungsübereignung Klage auf vorzugsweise Befriedigung nach § 805 ZPO). - Bei Forderungen hingegen liegt es im Falle von Guthabensforderungen (Konten) einfacher, denn da handelt es sich um des Gläubiger 1 Konto (bei dem Schuldner nur Mitverfügungsbefugnis hat), so dass hier Titel gegen Schuldner nichts taugen.

Kommt Ihnen das nicht bekannt vor?

gl. dazu auch Stichwort "Betriebsaufspaltung" im Falle der "unterkapitalisierten Verwaltungsfirma".

Lohn & Brot behalten

Klingt doch einfach – oder?

> Ich kann mir nämlich vorstehende Vorwegpfändung sparen, wenn ich vorgesorgt und schon Jahre vorher alle Waren und Vermögenswerte von der Schuldnerfirma Schuldner angekauft habe. Schuldner "least" diese Dinge zurück (was auch steuerliche Vorteile bringt), so dass schon längst für Gläubiger Gläubiger nichts mehr zu vollstrecken ist.
>
> Schuldner wickelt Millionengeschäfte mit meinen Krediten ab, und entpuppt sich so ein Geschäft als flop, dann drehe ich den Kredithahn zu und opfere Schuldner kostensparend im Konkurs, den ich womöglich wegen titulierter Kreditansprüche selber beantrage, siehe auch Dezentralisation + Gegendarstellungen. Jetzt brauche ich nichts mehr vorwegzupfänden!

Sie sehen, wie einfach Sie Ihren Lohn durch eine Vorwegpfändung sichern können. Eine Vorwegpfändung können Sie auch mit einem notariellen Schuldanerkenntnis machen. Dieses können Sie bei einem x-beliebigen Notar beurkunden lassen.

Auch ein eleganter Weg

Ein kleiner Wermutstropfen schwimmt im PFÜB-Cocktail dennoch herum: Nachdem dieser Beschluss erlassen worden und zugestellt ist, müssen Sie Ihrem Gläubiger alle weiteren Auskünfte erteilen, die nötig sind, damit Sie an Ihren pfändungsfreien Betrag kommen können.

Müsste dann schon sein

Also, Karten auf den Tisch und sämtliche Forderungen samt Nebenrechten offen legen! Und keine noch so kleine Angabe vergessen: Höhe, Zeit und Ort der Leistungen, etwaige Einwände von Drittschuldnern, Verteidigungsmittel und sämtliche Beweismittel, die dem Schuldner zur Verfügung stehen - all das ist wichtig.

Lohn & Brot behalten

Aber auch hier geht Zeit ins Land

<u>Mein Tipp: Verweigern Sie sich nicht!</u> Ihr Gläubiger kann ansonsten andere Saiten aufziehen und Sie vor einem ordentlichen Gericht verklagen - zunächst mal auf Auskunft. Und auf Ausgleich eines etwaigen Verzugsschadens (§ 286 Abs. 1) obendrein. Unnötige Kosten, nicht wahr? Also, seien Sie kooperativ!.

Warum eigentlich?

Ihr Drittschuldner muss keine Auskunft geben. Er kann stattdessen gegen den Pfändungs- und Überweisungsbeschluss vorgehen - was aber die Wenigsten tatsächlich tun! Dabei haben nach § 766 ZPO er und Sie das Recht der Erinnerung (eine Art Einspruch) mit der Begründung, die Pfändung der Forderung sei nicht wirksam oder Ähnliches.

Will Ihr Drittschuldner Auskunft geben, ob überhaupt ein pfändbarer Betrag existiert, dann teilt er es in der Regel Ihrem Gläubiger mit. Dabei wird auch die Summe genannt, die monatlich auf das Konto des Gläubigers oder seines Prozessbevollmächtigten überwiesen wird. Maßgeblich ist der Monat, der auf diese Mitteilung folgt.

Wer vorbeugt, braucht nicht heilen!

Verweigert Ihr Drittschuldner die Auskunft, muss er mit einer Klage Ihres Gläubigers vorm Arbeitsgericht rechnen. Er kann diese Klage aber mit allen Mitteln abwehren. Es reicht z. B. der Hinweis, die Forderung sei erloschen oder dass der Drittschuldner noch Gegenforderungen (Kredite oder andere in Anspruch genommene Leistungen) mit Ihnen aufrechne.

174

Lohn & Brot behalten

Wichtig ist, dass diese Mitteilungen erfolgen und Bedenken vorgetragen werden, BEVOR es zu gerichtlichen Schritten kommt. Anderenfalls macht sich Ihr Drittschuldner gegenüber Ihrem Gläubiger wegen der Prozeßkosten schadensersatzpflichtig.

So weit sollte es nicht kommen

Die Auskunft über ein Urteil erfolgt durch Androhung und Verhängung von Zwangsgeld bis etwa 25.000 € oder Zwangshaft (§ 888 ZPO).

Jetzt sind Sie verpflichtet, Ihren Gläubiger über die der Forderung zugrunde liegenden Unterlagen zu informieren. Das kann der Mietvertrag sein, Sparbücher, Schuldscheine, Kreditverträge, Versicherungsschein, Sicherungsübereignungen etc. Nach § 836 Abs. 3 ZPO müssen Sie diese Dokumente herausgeben; anderenfalls kann Ihr Gläubiger über eine Zwangsvollstreckung (§ 836 S 2 ZPO) die Urkundenherausgabe erzwingen. Der Gerichtsvollzieher nimmt Ihnen die Urkunden weg, wenn ihm vom Gläubiger der Vollstreckungstitel und der Überweisungsbeschluss (§ 836 Abs. 1 ZPO) ausgehändigt wurde. Als Überweisungsbeschluss gilt dabei der Herausgabetitel. Darin muss die Urkunde, die Sie herausgeben sollen, allerdings genau bezeichnet sein.

Hier muss die Hose heruntergelassen werden

<u>Mein Tipp: Achten Sie unbedingt auf die genaue Urkundenbezeichnung!</u>

Fehlt sie im Überweisungsbeschluss, müssen Sie das beanstanden. SOFORT!

Reklamieren, was nicht richtig ist – aber bitte sofort

Lohn & Brot behalten

Wird dann bestimmt gemacht

Natürlich kann Ihr Gläubiger die genaue Urkundenbezeichnung nachträglich in einem Ergänzungsbeschluss beim Vollstreckungsgericht beantragen und dadurch heilen (den Fehler im Antrag ausbügeln). Aber Sie haben inzwischen wieder Zeit gewonnen.

Nur wenn noch was frei ist

Nur, wenn es zur Abgabe der Eidestattlichen Versicherung kommen sollte, müssen Sie im Vermögensverzeichnis Ihr Hab und Gut auflisten. Vorher brauchen Sie weder Ihren Arbeitgeber anzugeben noch die Höhe Ihres Gehalts, Lohns oder Einkommens. Deshalb kann der Gläubiger den PFÜB meistens erst sehr spät beantragen. Erst dann kann er seinen Zahlungsanspruch bei Ihrem Arbeitgeber pfänden und sich den pfändfreien Betrag überweisen lassen. Von der EV-Abgabe abgesehen, ist der PFÜB wohl das einschneidendste Mittel gegen Sie als Arbeitnehmer, um Ihr Vermögen offenzulegen.

> **Ursache und Wirkung sind zwei Seiten einer einzigen Tatsache.**
> - Ralph Waldo Emmerson -

Es kommt immer zum ungünstigsten Zeitpunkt

Eines dürfte jedoch klar sein. Wird der Erlass eines Pfändungs- und Überweisungsbeschlusses beantragt, ist damit i. d. R. zugleich für die gesamte Bearbeitungsdauer ein vorläufiges Zahlungsverbot verbunden, das drei Wochen gilt und dem Gläubiger den Rang nach § 845 ZPO sichert.

Lohn & Brot behalten

In diesen 21 Tagen muss der PFÜB erlassen werden - und natürlich zugestellt: Zum einen Ihrem Drittschuldner als Anspruchsgegner, zum anderen Ihnen. Nun ist Ihr Drittschuldner verpflichtet, Ihrem Gläubiger mitzuteilen, ob er die Forderung anerkennt und zahlen will.

Es ist erst wirksam, wenn es zugestellt ist

Liegen andere Ansprüche vor, oder ist der pfändungsfreie Betrag bereits gepfändet oder abgetreten, muss Ihr Drittschuldner Ihren Gläubiger darüber informieren.

Ist Ihrem Drittschuldner der PFÜB zugestellt worden (dieser Vorgang bestimmt die Wirksamkeit nach § 829 III ZPO), darf er Ihnen nichts mehr zahlen - nur in Höhe des pfändungsfreien Betrages. Und Sie dürfen die geforderte Summe weder abtreten noch veräußern o. Ä.

Dann ist wirklich erst mal Zahlungspause

Ich war selbst schon Gehaltsempfänger, u. a. als gesellschaftender Geschäftsführer meiner eigenen GmbH. So musste ich schon manches Mal einen solchen PFÜB aushebeln. Ich hatte jedesmal das Vergnügen, in meiner Eigenschaft als Geschäftsführer höchstpersönlich meinem Gläubiger die traurige Nachricht mitteilen zu dürfen: dass nämlich noch ein Darlehn zu tilgen sei und deshalb keine Zahlung erfolgen könne. Wundersamerweise übertraf der Betrag stets die Höhe der angezeigten Pfändung.

Ist doch wirklich drollig - oder?

Dass Gläubiger aber auch immer so beherzt ins Klo greifen müssen ...

177

Lohn & Brot behalten

Die Hunde bellen, die Karawane zieht weiter

Betrachten Sie den PFÜB nicht anders als eine Zeitstrafe bei der Formel I - als eine vorübergehende (!) wirtschaftliche Blockierung eben. Doch obwohl sie dadurch überhaupt nicht aus dem Rennen sind, verlieren die meisten schlingernden Schuldenbarone beim Thema PFÜB schnell ihre letzten Nerven.

Doch bleiben Sie einfach cool - so wie ich: Wissen Sie, wie ich den Schluss meiner »Beileidsbekundungen« an die Gläubiger immer zu formulieren pflegte?

...
»Wenn unsere Forderungen ausgeglichen sind, kommen wir auf Ihr Anliegen gerne wieder zurück.«

Mit freundlichen Grüßen
Rademacher & Fischer GmbH

Wolfgang Rademacher

Was mich sehr erfreut hat

Und wollen Sie wissen, wie viele Gläubiger mich auf diese Zusage hin »festgenagelt« haben? Nicht ein einziger!!!

Beugen Sie also vor: Jede Summe überm Pfändungsfreibetrag sollten Sie sichern. Es ist legitim - ja sogar fast Ihre moralische Pflicht! -, dass Sie erst mal an sich und Ihre Familie denken und sie schützen. Das eigene Hemd muss Ihnen am nächsten sein. Wo nichts mehr zu holen ist, da hatte auch schon der Kaiser sein Recht verloren.

Er will mit dem Kopf durch die Wand

<u>Mein Tipp: Versuchen Sie dennoch, mit Ihrem Gläubiger die Köpfe zusammenzustecken, um einen leichteren Weg als den steinigen über Gerichte und PFÜBs zu finden!</u>

Lohn & Brot behalten

Ein notorisch verdrehter Rechtsverdreher ist bei mir mal einem Geldbetrag hinterher gerannt - erfolg- und ratlos gleichermaßen. Dem habe ich ein besonderes Schnippchen geschlagen.

In einem Telefonat ließ er nämlich die beiläufige Bemerkung fallen, dass er an einer gewissen Stelle einen Pfändungs- und Überweisungsbeschluss gegen mich beantragen werde. Als er das von sich gab, bin ich bewusst nicht darauf eingegangen - sollte er mich doch ruhig unterschätzen!

Dabei bin ich immer ganz Ohr

Ohne Zeit zu verlieren, habe ich bei meiner Lebensgefährtin das zu erwartende Geld geliehen und gleichzeitig eine Forderungsabtretung mit ihr ausgemacht. Die habe ich an die entsprechende Stelle geschickt.

Ein paar Tage später bekam ich Bescheid von der Institution: Die Abtretung werde nicht anerkannt, weil jene Institution ihr erst zustimmen müsse. Und diese Zustimmung sei so gut wie ausgeschlossen.

So ging's nicht

War wohl nix! Also Plan B: Beim Notar habe ich für ein paar Euro ein notarielles Schuldanerkenntnis beurkunden lassen. Natürlich mit der Unterwerfung unter die sofortige Zwangsvollstreckung. Die hat meine Lebensgefährtin genutzt und anschließend durch den Notar aus dieser Urkunde vollstreckt. Ob das Geld sicher bei ihr gelandet ist? Aber sicher doch!

Sind nicht immer so untätig

Erfreulicherweise hatte der Rechtsanwalt seine Ankündigung nicht wahr gemacht.

Lohn & Brot behalten

Zwar lag er mit seinen Ahnungen richtig; falsch aber war seine Entscheidung, weitere Vorschusskosten für seinen Mandanten sparen zu wollen - und deshalb nichts zu tun. Und genau das machte den Unterschied aus: Ich habe gehandelt, er nicht.

Hallo, immer hellwach sein

Was lehrt uns das? Dass Sie immer genau mitbekommen sollten, was Ihnen Ihre Gläubiger so ins Ohr flüstern. Oft bekommen Sie den »Wink mit dem Zaunpfahl« auf akustischem Wege gezeigt. Reagieren Sie umgehend darauf, sodass Sie finanziell anschließend nicht auf dem Trockenen sitzen. Nicht alle sind so zauderlich wie jener Rechtsanwalt von eben - einige ziehen durchaus ihr PFÜB-Ding durch und lassen ihren Worten Taten folgen.

> **In Zukunft wird sich die Utopie beeilen müssen, wenn sie die Realität einholen will.**
> - Werner von Braun -

<u>Mein Tipp: Machen Sie sich mit dem System und der Verfahrensweise vertraut!</u> Das ist immer sehr wichtig - gerade wenn's um Ihre Schulden geht.

Hier war Holland in Not

Mitten in der Arbeit für dieses Kapitel hier hatte eine junge, sympathische Mutter Kontakt mit mir aufgenommen - zuerst per E-Mail, dann telefonisch. Sie hatte Schulden. Und einen Ehemann, der sie trotz ihrer Verzweiflung nicht unterstützte, obwohl er schuldenfrei war.

Lohn & Brot behalten

Sie arbeitete als Webdesginerin für einen großen Computer-Versand und hatte bei mir das Buch »Die Macht des Schuldners« gekauft. Das Werk hatte ihr schon geholfen; ein anschließendes Telefongespräch mit mir noch ein bisschen mehr. So konnte sie sich zunächst fassen und ihre Niedergeschlagenheit in den Griff bekommen.

Und drehte sich im Schuldenrad

Dann - ungefähr vier Tage vor der Gehaltsanweisung bei ihrer Bank - war bei ihr die PFÜB-Bombe eingeschlagen. Ach du Schreck: Konto gepfändet!!! Aufgeregt und mit zitternder Stimme rief Sie mich an, völlig ratlos. Nachdem ich Sie wie ein guter Arzt zunächst beruhigen konnte, erkundigte ich mich, was sie denn jetzt machen wolle.

Verängstigt fragte mich die aufgeregte Mutter:

1. »Kann ich mein Gehalt auf das Konto meines Mannes überweisen lassen?«

2. »Wird mein Arbeitgeber die Umleitung so schnell mitmachen?«

Eigentlich kannte sie die Antworten schon

3. »Ist das auch kein Betrug, wenn ich mein Gehalt umleite?«

4. »Soll ich mich mit dem Gläubiger wegen Ratenzahlungen in Verbindung setzen, wenn das mit der Überweisung auf das Konto meines Mannes nicht klappt?«

Ich empfahl ihr, erst mal die ersten beiden Punkte zu klären.

Eines nach dem anderen

Lohn & Brot behalten

Es waren - wie immer - mehr Befürchtungen da als nötig

Die Angst, als Betrügerin dazustehen, konnte ich ihr nehmen - sie war unbegründet.

Daraufhin hörte ich einen Tag nichts von ihr. Dann jedoch erreichte mich ihre E-Mail:

„Hallo Herr Rademacher,

mein Gehalt ist in letzter Minute auf das Konto meines Mannes gebucht worden. Mit dem Gläubiger habe ich eine Ratenzahlung vereinbart. Die Kontopfändung ist zurückgezogen worden.

Da war ich ganz stolz, auf sie und auf mich

Den offen stehenden Betrag für das Buch möchte ich an Sie überweisen. Bitte teilen Sie mir Ihre Kontoverbindung mit.

Vielen Dank für Ihren Rat.
Mit freundlichen Grüßen"

Ich schrieb zurück:

„Hallo, Frau ....!

Ich bin STOLZ auf Sie. Sie sind eine Person nach meinem Geschmack. Herzlichen Glückwunsch!

...

Machen Sie so weiter!"

Sie sehen: Wenn Sie handeln, dann lösen sich Ihre finanziellen Probleme. DAS ist eigentlich schon das ganze Geheimnis. Die Welt hilft immer dem Schwächeren!

Die einzige Medizin, die wirklich hilft

Handeln Sie, wenn es im Gebälk knarrt. Handeln, schnell und gezielt, das ist Ihr Patentrezept!

Vom Betablocker ...

Wenden wir uns jetzt einem mächtigen juristischen Aufputschmittel zu - einem Sperrwall, der Ihrem Gläubiger schlagartig die Verzweiflungs-Röte ins Gesicht treiben wird. Denn mit diesem Bollwerk bringen Sie die »Eidesstattliche Versicherung« (EV) zum Erliegen und bremsen den Schuldeintreiber zunächst völlig aus.

Und deren Gesichter würde ich gerne sehen

> **Manches, das am Morgen noch Utopie gewesen ist, ist zu Mittag bereits Sciencefiction und am Abend schon Wirklichkeit.** - Jerry Lewis -

Utopisch? Keineswegs! Machen Sie's wie ich: <u>Nutzen Sie Ihre gesetzlichen Möglichkeiten radikal aus.</u> Das Gesetz ist wie ein randvoll gefülltes Munitionsdepot. Paragrafen liefern Ihnen Abwehrmunition, deren Durchschlagskraft ihresgleichen sucht. Das ist Ihr Königsweg, um die Abgabe der Eidesstattlichen Versicherung zu blockieren. <u>Nutzen Sie dann den Zeitgewinn, um ohne Druck für die Schuldenbereinigung zu sorgen.</u>

Dafür sind doch die §§§ da - oder?

Zeit ist Geld

Vom Betablocker ...

Es gibt Schlimmeres!

Vielen, denen die finanzielle Schlinge schon um den Hals gelegt wurde, kommt die EV-Abgabe natürlich wie das tödliche Öffnen der Falltür unterm Galgen vor.

So wie eine gelbe Karte auf dem Fußballplatz

Die Folge: Würgreiz und Atemnot, wenn die Ladung mit dem gelben Kuvert als Zustellungsurkunde drohend im Briefkasten liegt. Oder wenn der Gerichtsvollzieher aus Zeitgründen den Henkersakt gleich bei seinem Besuch vollzieht, weil sowieso keine pfändungswürdigen Gegenstände zu holen sind. Kein Wunder, dass Sie aus dem Gleichgewicht geraten, wenn Ihnen einfach so der Boden unter den Füßen weggeklappt wird - und dass Sie die Angst vor dieser behördlichen Exekution schier zerfrisst.

Es wird wirklich auch hier nur mit Wasser gekocht

Doch wenn's im Schatten des Galgens auch schwer fällt - das Wichtigste ist: Ruhe bewahren und nochmals Ruhe bewahren! Schon meine Oma wusste: »Es wird nichts so heiß gegessen, wie es gekocht wird.«

Um Sie jetzt nicht länger auf die Folter zu spannen, werde ich jetzt schnell zur Sache kommen.

<u>Überlebensregel Nr. 1.: Ist der Gerichtsvollzieher in Ihrer Behausung, dann sollten Sie die EV NIEMALS sofort abgeben!</u> Der Kuckuckskleber MUSS dazu einen neuen Termin ansetzen. Das ist nun mal Gesetz im Rechtsstaat. Will der Gerichtsfritze die EV hingegen sofort durchpeitschen, bleiben Sie cool, und pochen Sie auf Ihr Recht! Und laden Sie dann Ihre juristischen Waffen!

Ist das Recht nicht für alle da?

Vom Betablocker ...

Diese Waffen können eine solche Macht entfalten, dass jeder vollstreckungsgeile Gläubiger vor Enttäuschung Gift und Galle spuckt. Apropos, hier kommt <u>Überlebensregel Nr. 2: Bleiben Sie immer sachlich!</u> Es geht nur ums Geld, nicht um persönliche Streitigkeiten. Wenigstens bei mir ist das so, auch wenn ich mich manchmal über meine Gegner sicher fürchterlich ärgere oder aufrege. Doch mit Groll und Hass ist keinem geholfen - Ihnen am wenigsten.

Panzerbrechende Geschütze

> **Der Ärger ist als Gewitter, nicht als Dauerregen gedacht; er soll die Luft reinigen und nicht die Ernte verderben.**
> - Ernst R. Hauschka -

Mehr nicht!

So, nun passen Sie mal ganz genau auf!

Gleich zwei engstirnige Pappenheimer saßen mir im Genick. Der erste wollte zunächst 668,30 € haben, per Kostenrechnung, ausgestellt am 4. März. Der zweite gierte seit dem 3. Mai desselben Jahres nach 3.730,68 €. Er berief sich auf ein Versäumnisurteil, das ich bis heute allerdings nie erhalten habe. In dieser Angelegenheit hatte meine Anwältin bei Gericht um Terminverlegung gebeten, doch dieses Gesuch solle angeblich nicht angekommen sein. Daher ist das Versäumnisurteil ergangen, obwohl das nie bei meiner Anwältin eingetroffen ist. Da ich nach der Motto lebe: »Löse das Problem und nicht die Schuldfrage!«, habe ich den Stier bei den Hörnern gepackt.

Ist das nicht auch eine Lösung für Sie?

Vom Betablocker ...

Knapp unter 4.400 €

Stand der Forderungen:

a. 4. März .... 668,30 €

b. 3. Mai .... 3.730,68 €

Da ich Ihnen zeigen will, wie Sie die EV blockieren können, beschränke ich mich auf das erste Verfahren. Das zweite ist auf dieselbe Weise geplättet worden. (Die Verfahrensgründe waren bei beiden Beträgen gleich, und die Termine zur Abgabe der EV lagen auf demselben Tag, zur selben Zeit.)

Wenn man sich schon auf andere verlässt

Wie war ich überhaupt in diese Bedrängnis geraten? Nun, ein Internet-Bekannter sollte für mich E-Mail-Adressen aus dem Weltnetz sammeln. Im hohen Norden, in Hamburg, sollte er danach fischen - gesetzmäßig, natürlich. Aber schon recht schnell muss ihn die Geduld verlassen haben. Statt sich, wie abgesprochen, auf Blumenläden zu konzentrieren, fischte er alle Gründe leer, die er erreichen konnte. Versprach mir aber hoch und heilig, dass es sich bei diesem Fang nur um gewerbliche Adressen handele und nicht um verbotene Privatanschriften.

Ohne eine Hand zu heben, war ich in der Falle

Arglos bot ich am 11. Februar des betreffenden Jahres per Newsletter den »Blumenläden« meine Gutscheine für Geburtstagsbücher an. Schon einen Tag später musste ich eine Abmahnung in meinem E-Mail-Eingang entdecken: »Verletzung der Persönlichkeitsrechte«. Gleiches trudelte per Telefax ein - natürlich inklusive einer prickelnden und richtig saftigen, gebührenpflichtigen Unterlassungserklärung.

Der Streitwert belief sich auf 4.000 €! In dieser Unterlassungserklärung sollte ich mich verpflichten, an diese Privatadresse[14] nie mehr unaufgefordert eine E-Mail zu versenden. In der vorliegenden Form wollte ich das keinesfalls unterschreiben. Also rannte der gierige Anwalt gleich zum Landgericht.

Die Abmahner sind Absahner

Der Gerichtsbeschluss kam am 10. März per Zustellungsurkunde bei mir an. Der Streitwert war auf 10.000 € geklettert, und im Wiederholungsfall drohte mir eine Geldstrafe von 250.000 € oder sechs Monate Haft. Prompt reichte auch der Rechtsverdreher seine Rechnung ein: 668,30 €.

Gegen den Gerichtsbeschuss und den Streitwert legte ich über meine Anwältin Beschwerde ein. Der Streitwert schrumpfte so auf 3.000 € - und damit auch das potenzielle Anwalts-Blutgeld auf jetzt nur noch 308,21 €. Zwar musste ich Gerichts- und eigene Anwaltskosten berappen, doch hatte ich der Gegenseite schon mal eine erste Breitseite verpasst und ihr den gierigen Schlund wie einer Mastgans gestopft.

Ein kleiner, wichtiger Erfolg

Parallel schickte mir der Paragrafen-Dompteur am 20. Mai eine hübsche wie nette Gerichtsvollzieherin mit dem Kostenbeschluss von 727,46 € ins Haus. Ich klärte sie über das laufende Beschwerdeverfahren auf, und sie zog mit ungefüllten Taschen wieder von dannen.

Aber um eine Erfahrung reicher

---

[14] Wie man das umgeht, habe ich in meinem Buch »Geldsegen auf Bestellung« ausführlich beschrieben.

Vom Betablocker ...

Derweil rief ich den Raffke persönlich an, um ihm - ganz nach meiner Art - eine monatliche Ratenzahlung à 50,- € anzubieten.

Ich bin doch nicht bedeppert

»Bezahlen Sie erst mal eine Rate«, heuchelte es mir aus dem Hörer entgegen. »Dann sehen wir weiter.« Als ob ich ein Loch im Kopf hätte! Kaum hätte ich überwiesen, hätte der Winkeladvokat per PFÜB in meinem Konto gewildert! So bot ich ihm am 20. Juni schriftlich eine Ratenzahlungs-Vereinbarung an. Seine Reaktion: null! Meine Blockierungsleistung: bereits volle 4 Monate!

Von dem anderen Verfahren über 3.730,68 € hatte ich noch gar nichts gehört. So plätscherte die Zeit dahin. Vom heißen Sommer ging's über den lauwarmen Herbst spät in den goldenen Oktober. Am 20. Oktober schließlich wurde ich zur EV vorgeladen. Termin: 3. November.

Die Karten lagen auf den Tisch

a. Verfahren 1 jetzt   411,33 €

b. Verfahren 2 jetzt   3.853,45 €

So, nun hatten auf den Tag genau schon neun bzw. sieben Monatskalenderblätter den Weg zum Altpapier gefunden - aber noch nicht ein Cent den Weg zu einem neuen Besitzer! In diesem Dreivierteljahr wäre schon die gesamte Summe in Raten abgedeckt worden, wenn ich dafür monatlich 500 € beiseite gelegt hätte. Doch es kommt noch besser!

Sich immer der Situation stellen

Ich marschierte also mit der Vorladung und meinen Anträgen für beide Verfahren los, um meine EV-Probleme zu lösen.

188

Vom Betablocker ...

Nur kurz musste ich in dem muffigen Vorzimmer ausharren. Dann bat mich die Gerichtsvollzieherin in ihr aufgeräumtes Büro.

»So, Herr Rademacher, was machen wir denn heute?« Damit spielte sie auf die Entscheidung zwischen Ratenzahlung oder EV-Abgabe an. »Nichts von beidem!«, entgegnete ich der verdutzten Gerichtsvollzieherin. »Welchen Fall bearbeiten wir zuerst?«, schob ich gleich hinterher. »Wieso nichts?«, kam ganz erstaunt aus ihr heraus, als sie nach der Akte für den kleinen Betrag fingerte. »Der Rechtsanwalt geht mir hier schon ungemein auf die Nerven, weil er ständig bei mir anruft! Fangen wir also damit an.«

Eine hübsche, freundliche und nette Dame

Todernst schob ich ihr nun meinen Antrag auf ihre aufgeschlagene Akte. Darauf stand:

Das war auch neu für Sie

Wolfgang Rademacher

Amtsgericht
Gerichtsstraße 5

<u>PLZ - Gerichtsort</u>

59379 Selm, den 3. November ...
Eichendorffstraße 27

DR II 1234/...
Mein Gegner ./. Wolfgang Rademacher

Hiermit lege ich Widerspruch gegen die Bestimmungen der Abgabe für die Eidesstattliche Versicherung in der o.g. Angelegenheit ein.

<u>Begründung:</u>
Der Kostenfestsetzungsbeschluss vom 29. Juni .... unter dem Aktenzeichen 650 AO 456/.. , auf das die Zwangsvollsteckung begründet wird, ist mir <u>nicht</u> zugestellt worden.

Dadurch konnte ich meine mir gesetzlich zustehenden Rechte nicht in Anspruch nehmen.

Gleichzeitig beantrage ich, das Verfahren einzustellen.

Wolfgang Rademacher

<u>Ganz wichtig:</u> Die Begründung darf nicht fehlen!

Vom Betablocker ...

Das sah ich da schon anders

Verwunderung umspielte das Antlitz von Justitias Dienerin, als sie meinen Antrag durchlas. Schließlich nahm sie ihn per Laptop in ihr elektronisches Protokoll zur Abgabe der Eidesstattlichen Versicherung auf. »Damit verschaffen Sie sich aber nur eine oder zwei Wochen Luft«, bemerkte sie nach dem Eintippen. »Tatsächlich?«, gab ich in James-Bond-Manier zwanglos zurück. Sie stutzte, überlegte kurz: »Nee, Sie wollen doch wohl nicht wirklich bis zum Landgericht weitergehen!«, fing sie ihre Kunstpause auf. »Wer weiß?«, tat ich geheimnisvoll.

> Ich bin verpflichtet, meinen Gegnern, Argumente zu liefern, aber nicht Verstand.
> - Benjamin Disraeli -

Da lehnte sie sich etwas weit aus dem Fenster

Dann kam die zweite Akte dran, die mit dem höheren Betrag. Gleiche Prozedur, gleiches Ergebnis. Wir plauschten noch über ihren wachsenden Schuldnerbestand. Und über unseren gemeinsamen Freund, den rastlosen Anwalt, der ihr mit seinen Schreiben und Telefonaten fürchterlich auf die Klinke ging. Dann ließ sie den Säbel rasseln: »Bei dem kleinen Betrag werde ich Ihnen aber keine Ratenzahlung bewilligen!« »Beim größeren Betrag aber bestimmt«, fuhr ich ihr in die Parade, »wenn es überhaupt so weit kommt!« Sie nickte zustimmend und konterte: »Immer mehr Schuldner halten ihre Ratenzahlungsversprechungen nicht ein.

Vom Betablocker ...

Und deshalb stimme ich auch kaum noch Ratenzahlungen zu.«

Ich sagte nichts mehr; ich wollte nicht gleich mein ganzes Pulver verschießen. Mein Hauptziel hatte ich ja erreicht: Die EV war erst mal abgewendet. So machte ich mich guter Dinge durch das stickige, verrauchte Wartezimmer wieder vom Acker.

Es war außerdem eine angenehme Atmosphäre

Schwummerig hatte ich mich anfangs schon ein wenig gefühlt - vor meinem Stelldichein mit der Gerichtsvollzieherin. Doch nachdem dieses Treffen so locker ablief, habe ich richtig Geschmack daran gefunden!

<u>Das Erfolgsgeheimnis: So ein Kuckuckskleber darf Anträge nur entgegen nehmen. Darüber entscheiden darf er nicht!</u> Das bleibt Sache des Vollstreckungsgerichts. Diese Bestimmung liefert den Sand, den Sie ausgiebig ins Getriebe schaufeln können.

Neun Tage später, also am 12. November, bekam ich Post vom Rechtspfleger meines zuständigen Amtsgerichtes:

> In der Zwangsvollstreckungssache
> Mein Gegner ./. Wolfgang Rademacher
>
> wurde Ihr Widerspruch gegen die Abgabe der eidesstattlichen Versicherung zur Entscheidung vorgelegt und wird unter dem oben genannten Aktenzeichen geführt.
>
> Gemäß § 418 ZPO hat der Zustellungsvermerk auf dem Vollstreckungstitel die Beweiskraft einer öffentlichen Urkunde. Die bloße Behauptung, der Zustellungsvermerk sei unrichtig, reicht zur Begründung nicht aus, es ist Gegenbeweis zu führen (vergleiche BGHZ Urteil vom 11. 05 1953, Aktenzeichen IV ZR 32/53).
>
> Ihnen wird Gelegenheit gegeben, den Gegenbeweis gemäß § 418 ZPO innerhalb von drei Tagen anzutreten.
>
> Hochachtungsvoll
> - Rechtspflegerin -

Aus dem Jahre 1953. Waren damals die Postwege nicht noch ganz anders?

Vom Betablocker ...

Der Kutscher bewahrt immer Ruhe

Für beide Verfahren bekam ich jeweils eine schriftliche Zustellung identischen Inhalts. Der einzige Unterschied lag im Namen meiner Prozessgegner!

»Drei Tage? Viel zu kurz!«, dachte ich mir. So beantragte ich am letzten Tag der vorgegebenen Frist zunächst eine Fristverlängerung von 12 Tagen - mit diesem Antrag:

Wolfgang Rademacher

Amtsgericht
Gerichtsstraße 5

PLZ - Gerichtsort

59379 Selm, den 15. November ...
Eichendorffstraße 27

per Telefax .... - ....
Geschäfts-Nr.: 25 M 3175/...
Mein Gegner ./. Wolfgang Rademacher
Ihr Schreiben vom 11. November ....
Antrag auf angemessene Fristsetzung

Hiermit beantrage ich, die 3-Tages-Frist aufzuheben und beantrage eine angemessene Frist zur Beantwortung Ihrer Frage bis zum 25. November .....

Begründung:
Da ich auf juristische Beratung angewiesen bin, ist es mir nicht möglich, innerhalb von 3 Tagen eine fachliche juristische Beratung über einen Fachanwalt zu erhalten, um mich gesetzlich vor Fehlern zu schützen.

Aus den vorgenannten Gründen beantrage ich deshalb die Frist bis zum 25. November .... zu verlängern.

Wolfgang Rademacher

Einfach mal verlängern lassen

Schauen wir mal

Diesen Antrag schickte ich dem Gericht in den Abendstunden per Telefax zu. Natürlich als »doppeltes Lottchen« (also für jedes Verfahren einen eigenen Antrag). Ich war gespannt, was die Rechtpflegerin daraufhin aushecken mochte.

Vom Betablocker ...

Auf jeden Fall hatte ich schon wieder einen halben Monat herausgeholt.

Bevor Sie mir jetzt leichthin nacheifern, schärfe ich Ihnen noch etwas ein - nämlich <u>Überlebensregel Nr. 3: Halten Sie Fristen ausnahmslos ein!</u> Das ist ganz wichtig! Termine müssen Sie unbedingt beachten! Ziehen Sie diese Regel konsequent durch!

Termine einhalten

Würde Moses heute durch die Wüste wandeln, brächte er wohl ein elftes Gebot vom Berge Sinai mit: Du sollst deine Gerichtstermine wahren! Dabei können Sie Anträge, Beschwerden usw. ruhig auf den letzten Drücker beim Gericht einwerfen oder ihm zufaxen. Fällt das Ende der Frist auf einen Samstag, Sonntag oder Feiertag, ist immer der darauf folgende Werktag letztmöglicher Abgabetag. Fällt der Feiertag auf einen Freitag, endet die Frist natürlich am nächsten Montag. Eine Ausnahme bildet der Karfreitag: Da kommt noch der Ostermontag hinzu; Fristende ist somit der erste Dienstag nach Ostern.

Hier gibt es kein Wenn und Aber!

Oft sende ich diese Antrags- oder Beschwerde-Faxe dem Gericht nach dem Beamten-Feierabend zu, also zwischen 18 und 23 Uhr. Oder ich schwinge mich aufs Fahrrad und werfe die Kuverts nach 18 Uhr eigenhändig in den Nachtbriefkasten. Mit dieser 18 km langen Drahteseltour habe ich dann zugleich meiner Gesundheit noch was Gutes gegönnt.

Tut mir unheimlich gut

Sie werden Probleme bekommen, wenn Sie auf Gerichtstermine und -fristen pfeifen!

Vom Betablocker ...

Diszipliniert und konsequent sein

Einen derart heißen Termin-Reifen können Sie nur fahren, wenn Sie mit äußerster Disziplin am Steuer sitzen. Schrauben Sie sich nach meinem Vorbild eine Termin-Filztafel auf den Weg zum Klo, sodass keiner Ihrer Termine in die Hose gehen kann.

»Keine Zeit! Keine Lust!« Sollte sich diese laxe Einstellung gegenüber Gerichtsfristen in Ihrem Denken breit machen, müssen Ihre Gegner die Schlinge um Ihren Hals gar nicht mehr zuziehen - das haben Sie schon selbst erledigt. Und sogar die EV-Falltür lösen Sie durch Ihre Bummelei eigenhändig aus. Dabei bekommen Sie vom Gericht doch immer genügend Zeit. Wenn nicht, können Sie bei Verhinderung oder wichtigen anderen Gründen einfach eine Fristverlängerung beantragen. Die wird meistens genehmigt.

Hier gibt es nicht eine Ausrede

Hämmern Sie es sich selbst immer wieder ein: **FRIS-TEN UN-BE-DINGT EIN-HAL-TEN!!!** Besser, diese Litanei hängt Ihnen zum Hals heraus als dieser Hals nebst dem werten Rest von Ihnen am EV-Strick, oder? Gerade wenn Sie keine Lust dazu haben, gerade dann müssen Sie aktiv werden: Schreiben Sie und handeln Sie! Faxen oder stellen Sie Ihre Anträge in letzter Minute zu! Noch stärker muss ich das wohl nicht betonen, liebe Leser. Oder?

Mit dem festen Grundsatz, es mir auch in punkto Termintreue nachmachen zu wollen, können Sie mich ins nächste Kapitel begleiten.

Jetzt wird's spannend

Also, ab in die Warteschleife!

Ab in die Warteschleife

Sie kennen das: Sie sitzen im Flugzeug auf glühenden Kohlen - aber der Vogel darf und darf nicht landen: Es herrscht einfach zu viel Verkehr auf dem Flughafen! Machen Sie sich dieses Prinzip für Ihre EV-Abwehr zunutze: Steigern Sie vor Gericht drastisch die Antrags-Verkehrsdichte! Beginnen Sie, alles, was mit Ihrer Angelegenheit zu tun hat, mit Anträgen zu blockieren!

Nur keine Flugangst bekommen

> **Man spricht von Gerechtigkeit und denkt an Gewinn.**
> - Hans Lohberger -

Dazu müssen Sie nur die Terminvorgaben Ihres Vollstreckungsgerichts einhalten. So werden Sie in der Lage sein, die Forderungen ihrer Gläubiger in der Warteschleife zu halten. Und können genüsslich zugucken, wie Ihre Peiniger in der Luft hängen.

Es ist die wichtigste Voraussetzung

Aber bloß kein Stress! Denn Zeit haben Sie momentan genügend - bestimmt mehr als Geld, stimmt's? Und beherzigen Sie eines: Immer den guten Ton wahren und höflich bleiben! Denn vom Ärger diktiertes Verhalten würde Ihnen nur selbst schaden.

Es geht doch nur ums Geld, wie Sie bereits wissen

Ab in die Warteschleife

Es gibt keine Zufälle

Gerade als ich diese Zeilen schrieb, bekam ich ein passendes Beispiel aus dem Business-Letter auf meinen Schreibtisch:

Unbedachtes Handeln ist ein kommunikativer Stolperstein

Hitzköpfe würden gerne so manches gesprochene Wort wieder zurücknehmen. Leider ist dies nicht möglich und im Berufsleben ein echter Problemfall. Wer sich unüberlegt äußert, wird nicht nur als voreiliger Aktionist verschrien, man wird ihm auch Geduld absprechen und ihn nicht sonderlich ernst nehmen. Man muss nicht gleich der geborene Diplomat sein, aber ein strategisches Vorgehen kann man trainieren. Vor allem aus Wut oder Unmut sollte niemals gehandelt werden. Ein Gespräch muss gründlich vorbereitet sein, am besten mit Rat von unbeteiligten Dritten.

Wer lächelt, statt zu toben, ist immer der Stärkere

Ein schriftlicher Disput verlangt keine sofortige Reaktion. Hier kann man sich Zeit lassen, denn hier liegt ja alles schwarz auf weiß vor. Ad-hoc-Antworten müssen unbedingt vermieden werden. Im Zeitalter von E-Mails liegt es nahe, seinem Ärger per Antwortbutton sofort Luft zu machen. Auf jeden Fall sollte aber eine Nacht darüber geschlafen werden. Ein Rückschlag, der durch Höflichkeit und Sachlichkeit brilliert, hat die größte Kraft.

Beleidigt sein, Kränkung oder Unmut zu demonstrieren, präsentiert gleichzeitig Schwäche. Viel überraschter wird der Gesprächspartner sein, wenn man sich unbedarft stellt, fast kleinlaut. Dann besteht die Möglichkeit, dass sich der Kontrahent überlegen fühlt und Fehler macht. Hier können Sie dann gezielt ansetzen.

Wer sich selbst beherrscht, beherrscht die Welt

Treffender hätte ich es nicht beschreiben können. Diese 3 Absätze umreißen genau meine feste Überzeugung. Sie haben keinen Grund, unbedacht zu handeln - Sie können doch das überlegene Wissen ausspielen, das Sie in diesem Buch finden. <u>Mein Tipp (Und zwar als MUSS- und nicht als KANN-Bestimmung): Bleiben Sie ruhig und gelassen!</u> Selbstbeherrschung ist das beste Mittel, um den juristischen Schriftverkehr Ihrer Gegner aufs Abstellgleis zu verfrachten.

Ab in die Warteschleife

Gehen Sie also nicht gleich wie das berühmte HB-Männchen in die Luft, wenn Gegenseite und Gericht per gelber Zustellungsurkunde und brisantem Inhalt gnadenlos zum Schlag ansetzen: Sie können ihn doch parieren - überlegt und überlegen!

Es besteht kein Anlass dazu

> **Was wir Zufall nennen, ist vielleicht die Logik Gottes.**
> - Georges Bernanos -

Vergessen Sie nie Ihre mächtige Geheimwaffe: dieses Buch hier und das Wissen, das es Ihnen vermittelt. Damit rechnen Ihre Gegner garantiert nicht!

Hier gibt der Klügere nicht so leicht nach

Soll ich Ihnen verraten, wie viel ich anfangs von dem wusste, was in einem Vollstreckungsverfahren so alles abläuft? So gut wie nichts! Das hat mir ehrlich gesagt keiner erzählt. Und mich hat es nicht sonderlich interessiert.

Noch heute betrachte ich solche Prozesse eher als spannendes Fußballspiel, bei dem ich Angreifer, Verteidiger und Trainer in Personalunion bin. Welche Informationen wichtig sind, entscheidet der aktuelle Spielstand. Entsprechend besorge ich sie mir erst, wenn ich sie wirklich brauche.

Zufälle gibt es nämlich nicht. Alles kommt zur rechten Zeit, sobald es gebraucht wird - auch Informationen. Das sollten Sie mir jetzt einfach mal glauben. Schließlich hat Sie dieses Buch doch auch zum passenden Zeitpunkt erreicht. Oder?

Vielleicht ist es wirklich Gottes Logik?

Ab in die Warteschleife

Es wird alles „frei" Haus geliefert

Jeder Schriftsatz des Gerichts oder Gegners bezieht sich deutlich sichtbar auf einen oder mehrere Paragrafen. Deren Wortlaut liefert Ihnen genug Munition für den Gegenschlag. Also, machen Sie sich bloß nicht verrückt, wenn Sie am Anfang nicht wissen, was auf Sie zukommt. Studieren Sie lieber die betreffenden Gesetzestexte (einfach danach googeln). Dieses aktive Handeln liefert Ihnen - immer zum passenden Zeitpunkt - genügend Gegenargumente. Verlassen Sie sich darauf!

Hat Tag und Nacht damit zu tun

Zugegeben: Bei umfangreichen Zwangsvollstreckungsverfahren kann ich mich mit einer sattelfesten Anwältin besprechen, die diese Materie kennt wie ihre Westentasche. Ihnen ist keine solche Spezialistin bekannt? Macht nichts - denn deren Expertenwissen steckt bereits hier zwischen diesen Buchdeckeln! Das reicht völlig, um Justitia aufs Glatteis zu führen und dort den doppelten Rittberger trainieren zu lassen.

Unbedingt Fristen einhalten

So, und nun wieder zur Sache. Am 22. November wurde der Antrag, den ich am Monatsanfang[15] gestellt hatte, von der Rechtspflegerin gnadenlos abgewimmelt. Ebenso erging es meinem Fristverlängerungsantrag vom 15. November. Aber gegen diese Beschlüsse ist eine Beschwerde möglich - sofern sie sofort innerhalb von zwei Wochen erfolgt.

---

[15] Der lückenlose Schriftverkehr dieses Verfahrens befindet sich aus Platzgründen auf der beiliegenden CD-ROM.

Ab in die Warteschleife

Das heißt: Die gesamte Akte wandert zum Landgericht, weil eine richterliche Entscheidung zu erfolgen hat. So stellte ich fristgemäß nach 14 Tagen diesen Antrag:

Ein weiter Weg – hin und zurück

Wolfgang Rademacher

Amtsgericht
Gerichtsstraße 5

PLZ - Gerichtsort

                        59379 Selm, den 7. Dezember ...
                        Eichendorffstraße 27

per Telefax .... - ......
Geschäfts-Nr.: 25 M 3716/..
Gegner 2[16] ./. Wolfgang Rademacher
Ihr Beschluss vom 17. November .... - Zugestellt am 23. 11....
<u>Rechtsmittel der sofortigen Beschwerde, gemäß § 793 ZPO</u>

Hiermit lege ich form- und fristgerecht sofortige Beschwerde gegen den Beschluss vom 17. November .... ein, der mir am 23. November .... zugestellt wurde.

So sieht das dann aus

<u>Begründung:</u>
Das Amtsgericht begründet seinen abschlägigen Bescheid auf die Behauptung:

„Der Schuldner macht geltend, dass der Vollstreckungstitel ihm nicht ordnungsgemäß zugestellt worden sei."

Gemäß meinem Antrag vom 03. November .... habe ich in der Begründung festgestellt, dass mir die Grundlage für die Zwangsvollstreckung nicht zugestellt wurde.

Aus diesem Grunde kann das zitierte Urteil des BGH vom 11. 05. 1953 Az. IV ZR 32/53 nicht auf mich zutreffen und somit ist der Beschluss in sich unschlüssig und fehlerhaft.

                        ...

                        Seite - 2 -

Ich beantrage aus den vorgenannten Gründen den v. g. Beschluss aufzuheben, weil er vom Gericht, speziell durch die Rechtspflegerin, sachlich nicht ordnungsgemäß bearbeitet wurde.

Ein Grund mehr

Wolfgang Rademacher

---

[16] Jetzt wurde wieder jeder gegnerische Vorgang einzeln behandelt.

Ab in die Warteschleife

Vorsicht ist die Mutter der Porzellankiste

Obwohl ich später einen Befangenheitsantrag gestellt habe, war es wichtig, zuvor fristgemäß diese Beschwerde einzulegen. So konnte mir keiner das Verfahren um die Ohren hauen.

Den Hebel setzte ich bei einer sonderbaren Aussage an, zu der sich die Rechtspflegerin verstiegen hatte:

Was sollte das denn?

… Unter diesem Gesichtpunkt konnte dem Gläubiger ein weiteres Zuwarten nicht zugemutet werden. …

Diese offenkundige Parteinahme lieferte mir Futter für einen weiteren Antrag und zusätzlichen Zeitgewinn.

Keine komischen Gefühle

Denn nun musste ich mit Fug und Recht besorgt sein, dass die Rechtspflegerin gegen mich eingestellt war. Und eine solche Besorgnis reicht gemäß Rechtpflegergesetz § 10 („Ausschließung des Rechtspflegers") bereits, um die Dame wegen „Besorgnis der Befangenheit" ablehnen zu können. Denn was habe ich mit dem Zuwarten der Gläubiger zu tun? Und wie kann sich die Rechtspflegerin erlauben, sich ungeniert auf die andere Seite zu schlagen?

Da kommt dann Stimmung auf

So stellte ich folgenden Ablehnungsantrag, gekoppelt mit einer Dienstaufsichtbeschwerde. Und das gleich für beide Verfahren. Schließlich hatte die Rechtspflegerin beide Beschlüsse mit der gleichen Begründung zu unterfüttern versucht.

Ab in die Warteschleife

Wolfgang Rademacher

Amtsgericht
Gerichtsstraße 5

<u>PLZ - Gerichtsort</u>

59379 Selm, den 23. November ...
Eichendorffstraße 27

per Telefax ....- ......
Geschäfts-Nr.: 25 M 3715/... und 25 M 3716/..
Gegner 1 ./. Wolfgang Rademacher
Gegner 2 ./. Wolfgang Rademacher
<u>Dienstaufsichtsbeschwerde und
Befangenheitsantrag gegen die Rechtspflegerin ....</u>

Hiermit beschwere ich mich per Dienstaufsicht und stelle den Befangenheitsantrag über die Rechtspflegerin .... wegen Missachtung des Antragsrechtes, falscher Darstellung des Sachverhaltes sowie fehlendem Rechtsbehelf aus den beiden Schreiben vom 11. November .....

Das wollen wir doch mal prüfen lassen

Begründung:
Am 14. November ... bekam ich in den o. g. Angelegenheiten unter den Aktenzeichen 25 M 3715/... und 25 M 3716/... zwei Schreiben - datiert auf den 11. November .... - mit der Aufforderung innerhalb von 3 Tagen zu einem falschen Sachverhalt Stellung zu nehmen.

Daraufhin stellte ich am 15. November .... den Antrag auf Fristverlängerung bis zum 25. November .... , weil der vorgenannte Termin zu kurzfristig benannt worden war.

Am heutigen Tage, den 23. November .... bekam ich per Beschluss abschlägige Bescheide, ohne dass meine Anträge berücksichtigt wurden. Das ist rechtswidrig, weil mir mein gesetzlich zustehendes rechtliches Gehör bewusst genommen wurde.

So nicht!?

...

Seite - 2 -

Die Dienstaufsichtsbeschwerde und der Befangenheitsantrag sind schon mit der Missachtung meiner gestellten Anträge begründet.

So hat schon der Bundesgerichtshof eindeutig festgelegt, dass gestellte Anträge auch entsprechend zu bearbeiten sind. So führte der BGH bereits am 29. November 1954 Aktenzeichen III ZR 84/53 wie folgt aus.

„Es ist geradezu unverständlich, wie die Beamten bei der Bearbeitung der Anträge die Ansicht haben vertreten können, sie bräuchten Anträge nicht zu bescheiden. Und das in einer angemessen Frist. Sie haben grobfahrlässig den Grundsatz missachtet, dass die Beamten nicht nur Diener des Staates, sondern auch Helfer der Staatsbürger zu sein haben. Dem geschädigten Staatsbürger kann es im Hinblick auf seine Verpflichtung zur Minderung des Schadens im Allgemeinen nicht zum Verschulden gereichen, wenn der nicht klüger

Na, waren die obersten Richter da nicht anderer Ansicht?

201

Ab in die Warteschleife

Begründen lässt sich immer alles

ist als die Beamten und nicht den kürzesten Weg wählt." In der Begründung aus den beiden Schreiben vom 11. November .... heißt es:

„Gemäß § 418 ZPO hat der Zustellvermerk auf dem Vollstreckungstitel die Beweiskraft einer öffentlichen Urkunde. Die bloße Behauptung, der Zustellungsvermerk sei unrichtig, reicht der Begründung nicht aus, es ist Gegenbeweis zu führen (vgl. BGH, Urteil vom 11. 05. 1953, AZ.: IV ZR 32/53)"

Diese Begründung habe ich in meinen Anträgen vom 3. November ... nicht gestellt. Dort heißt es eindeutig:

bei Gegner 1
Das Versäumnisurteil vom 03. Mai .... unter dem Aktenzeichen 10 C 865/..., auf das die Zwangsvollsteckung begründet wird, ist mir nicht zugestellt worden.

bei Gegner 2
Der Kostenfestsetzungsbeschluss vom 29. Juni ... unter dem Aktenzeichen 513 AO 921/..., auf das die Zwangsvollsteckung begründet wird, ist mir nicht zugestellt worden.

Darin steht nichts von **unrichtig!**

...

Seite - 3 -

So hat die Rechtspflegerin zwei maßgebliche Anträge bewusst unbeachtet und unbearbeitet gelassen.

Der fehlende rechtliche Hinweis in den beiden Schreiben vom 11. November ... untermauert das gesetzwidrige Verhalten der Rechtspflegerin.

War eben meine rechtliche Ansicht

Der Befangenheitsantrag begründet sich aus dem fehlerhaft bearbeiteten Vorgang. Durch das Verhalten der Rechtspflegerin ..., keine meiner Anträge berücksichtigt und beschieden zu haben, entsteht bei mir der Eindruck, dass Sie mir willentlich rechtlichen Schaden zufügen und mich in kostenträchtige, zeitaufwändige Verfahren verstricken will.

Durch diese Vorgehensweise zeigte die Rechtspflegerin ... außerdem, dass sie gegen ihre gesetzmäßig verpflichtete Unparteilichkeit in gröbster Form verstoßen hat.

Das ist unzulässig. Somit ist die Dienstaufsichtsbeschwerde begründet und der gestellte Befangenheitsantrag evident.

Wolfgang Rademacher

Mit einem solchen Antrag schlagen Sie mehrere Fliegen mit einer Klappe:

Ab in die Warteschleife

1. Der Rechtspfleger oder die Rechtspflegerin wird bis zur endgültigen Entscheidung über das Ablehnungsgesuch aus dem juristischen Rennen genommen. Die betreffende Person kann im Moment keine Entscheidung treffen. Das Verfahren ist somit blockiert! **Mit einem Schlag**

2. Die Dienstaufsichtsbeschwerde landet in der Personalakte. Wie Sie ja schon wissen, hängt sie dort wie ein Damoklesschwert über dem betreffenden Staatsdiener: Der weiß nie, ob sich diese Rüge nicht doch mal nachteilig auf Besoldungserhöhung oder Beförderung auswirkt.

3. Laut § 44 ZPO MÜSSEN sich die Angeschuldigten zu dem Befangenheitsantrag dienstlich äußern. Gerade das bringt Ihnen wertvolle Zeit. Schließlich muss sich der Abgelehnte eine gute Antwort einfallen lassen. Und das nötigt den meisten notorischen Dienstweg-Reitern eine Menge Muße ab. **Da kommt Arbeit auf**

Am 12. Dezember - also fast anderthalb Monate später - hatte die Rechtspflegerin ihre dienstliche Äußerung dann zu Papier gebracht. Na klar, aus ihrer Sicht stellte sich das alles völlig anders dar.

Für die Gegenantwort, meine Stellungnahme also, räumte mir Justitia immerhin wieder eine Woche Zeit ein. Also habe ich am 18. Dezember wie folgt reagiert: **Es dauert alles seine Zeit**

Ab in die Warteschleife

Wolfgang Rademacher

Immer schön formell

Amtsgericht
Gerichtsstraße 5

PLZ - Gerichtsort

59379 Selm, den 18. Dezember ...
Eichendorffstraße 27

per Telefax .... - ......
Geschäfts-Nr.: 25 M 3716/..
Gegner 2[17] ./. Wolfgang Rademacher
Ihr Schreiben vom 12. Dezember ....
Befangenheitsantrag der abgelehnten Rechtspflegerin

Die Stellungnahme aus dem o. g. Schreiben ist völlig an der Sache vorbei geschrieben worden.

Die Rechtspflegerin hat durch ihr Verhalten die Gleichbehandlung der Parteien nicht eingehalten.

1. Sie setzte mich mit ihren unverhältnismäßig kurzen 3 Tagesfristen angesichts einer rechtlich relevanten Rechtsfrage unter zeitlichen und rechtlichen Druck. Das ist unzulässig.
2. Sie hat einen Beschluss gefasst ohne meine gestellten Anträge zu berücksichtigen. Das ist gesetzeswidrig, weil das Bescheiden von Anträgen eine Amtspflicht ist. Das gilt auch für Fristverlängerungsanträge. Siehe Urteil BGH 29. November 1954 Az. III ZR 84/53.
3. Außerdem behauptet sie in ihrem Beschluss, dass das Zuwarten dem Gläubiger nicht zugemutet werden kann. Das ist parteiergreifend zu Gunsten des Gläubigers, weil die rechtlichen Voraussetzungen nicht begründet und berücksichtigt wurden.

Aus diesen Gründen ist die Ablehnung der Rechtspflegerin evident.

Wolfgang Rademacher

War mir schon klar. Aber die Zeit lief für mich

Ob ich damit durchgekommen bin? Natürlich nicht: Mein Antrag wurde am 20. Dezember durch die Direktorin des Amtsgerichtes per 3-seitigem Beschluss abgeschmettert.

---

[17] Jetzt wurde wieder jeder Gegnervorgang einzeln behandelt.

Ab in die Warteschleife

Die Zustellung enthielt natürlich den abgelehnten Beschluss des Befangenheitsantrages der Rechtspflegerin.

Nachdem sie nun nicht mehr als „befangen" galt, erließ die Rechtspflegerin am 21. Dezember erneut einen ablehnenden Beschluss. Der bezog sich natürlich auf meinen Antrag vom 3. November, den ich der Gerichtsvollzieherin übergeben hatte. Die gesamte Akte gab sie nun am gleichen Tag dem Landgericht zur Entscheidung weiter.

Jetzt durfte sie wieder durchstarten

Am 10. Januar des nächsten Jahres bekam ich von diesem Landgericht Post: Staunend konnte ich so das Bittschreiben lesen, das der Gläubigervertreter diesem Gericht geschickt hatte:

Da bekam ich große Augen

An
Landgericht ...
Landgerichtstraße 43

PLZ Landgerichtstadt

Eilt !

- 19 T 749/...-
Hannover, 10.01....
Az.: sm 15/Ka205
Fax (...) ....- .....
(Telefax Landgericht)

Sehr geehrte Damen, sehr geehrte Herren,

In der Beschwerdesache der Zwangsvollstreckungssache gegen

Wolfgang Rademacher, Eichendorffstraße 27, 59379 Selm

hier: Widerspruch gegen die Abgabe der Eidesstattlichen Versicherung (§ 900 IV ZPO) des Schuldners Rademacher (AG Lünen, 15 M 2739/05)

wird vorgetragen:

Der Beschwerdeführer und Schuldner Wolfgang Rademacher, Autor verschiedener Bücher mit Titeln wie: „Die Macht des Schuldners" verfolgt mit den offensichtlich von vornherein unbegründeten Dienstaufsichtsbe-

Daran hatte ich ja noch gar nicht gedacht

Ab in die Warteschleife

schwerden und Befangenheitsanträgen nur das Ziel die Abgabe seiner Eidesstattlichen Versicherung zeitlich hinaus zu zögern.

Es ist abzusehen, dass auch gegen die Entscheidung des Landgericht Dortmund in dieser Sache von dem Beschwerdeführer und Schuldner Wolfgang Rademacher erneut Dienstaufsichtsbeschwerde und Befangenheitsantrag gestellt werden wird, so dass sich der Präsident des Landgericht Dortmund mit der Sache wird befassen müssen. Es wird daher gebeten **die Angelegenheit unter Einhaltung der gesetzlichen Frist äußerst zügig und ohne unnützen „Lagerungszeiten" der Akte abzuwickeln.**.

Es wird beantragt, sämtliche Schreiben der Gegenseite nach hierher zur Kenntnis zu übermitteln.

- Dieter Verzweifelt -
RECHTSANWALT

Für ihn sollte der Amtsschimmel auf Trab kommen

Sieh mal an! Der gesamte Verfahrensschriftverkehr landete also auch beim Gläubiger oder seinem Vertreter. Wieder was gelernt! Und vor allem: wieder ganz neue Horizonte eröffnet! Denn dieser Paniker zeigte mir mit seinem Ersuchen ungewollt den Weg zu neuen Sandhaufen, die ich ins juristische Getriebe hätte schaufeln können.

Er wollte nur älter werden

Kurz darauf ließ der Anwalt bei mir das Telefon klingeln: wie wir denn nun weiter verfahren sollten? Ich blieb bei meinem Angebot: Zahlung in kleinen Raten. »Keine Ratenzahlung will ich aber nicht!«, war seine Reaktion - offenbar hatte er was an seinen Hör-Knorpeln. »Kleine - also mit ›l‹ - hätte ich angeboten; nicht keine Ratenzahlung«, erklärte ich ihm. Mit: »Dann lassen Sie uns wieder ein Jahr älter werden!« beendete das taube Ohr daraufhin den Anruf, wohl, um den Rest des Tages schlecht drauf zu sein - im Gegensatz zu mir.

War mir klar. Aber die Zeit lief weiter

Ab in die Warteschleife

So war es dann schon die Aprilsonne, die auf meinen Briefkasten mit der Zustellungsurkunde in meinem Briefkasten nebst Beschluss über meinen abgelehnten Antrag schien. Absender: das zuständige Landgericht. Nichts Ungewöhnliches für mich.

Schauen wir mal beim nächsten Mal

Mein Gegner hatte mir ja quasi selbst vorgeschlagen, weitere Ablehnungsgesuche zu stellen, um noch mehr Zeit herauszuholen. Diesmal wollte ich es aber nicht. So bekam ich am 21. Juni von der Gerichtsvollzieherin wieder eine Ladung zur Abgabe der Eidesstattlichen Versicherung. Termin:

<u>Dienstag, 11.07., 13:30 Uhr</u>
<u>Büro der Gerichtsvollzieherin</u>

Natürlich, es war - wie von mir beabsichtigt - viel Zeit verstrichen. Entsprechend hatten sich die Vollstreckungsbeträge leicht erhöht - um 94,29 €:

    a. Verfahren 1 jetzt   433,05 €

    b. Verfahren 2 jetzt   3.926,01 €

Im Universum wächst eben alles

Die Mühlen der Justiz ächzten also wegen insgesamt 4.359,07 €.

> **Die Zeit ist das kostbarste Gut:**
> **Man kann sie für Geld nicht kaufen.** - Jüdisches Sprichwort -

Dieses jüdische Sprichwort spricht mir so richtig aus dem Herzen. Zeit sinnvoll zu nutzen ist mir lieb und teuer geworden. Ihnen wird es mit der Zeit (!) ebenso gehen, davon bin ich fest überzeugt!

Und die gute alte Zeit verstrich so schnell.

Ab in die Warteschleife

Es wären schon angenehme Raten gewesen

So waren seit dem 3. November vorigen Jahres nunmehr weitere 8 Monate und 8 Tage ins Land gegangen. Seit der ersten Fälligkeit waren also jetzt insgesamt schon 17 amüsante Monate in den Aktenstaub der Justizgeschichte gesunken.

Hätte ich in diesen nahezu anderthalb Jahren Monat für Monat nur 256,16 € beiseite gelegt, wäre schon alles getilgt. Eine Ratenhöhe von 256,16 € ist sicher ein beachtlicher Gewinn - und das ohne die EV!

Immer an der Front bleiben

Mit diesem System lässt sich also ganz locker eine Menge Zeit herausholen. <u>Sie können diese Spanne nutzen, um sich die fällige Summe zu beschaffen - ohne EV!</u> Das ist doch ein fantastischer Erfolg! Warum nur entwickeln so viele Menschen unnötige Ängste vor dieser gesamten Prozedur?

<u>Mein Tipp: Verstecken Sie sich ab jetzt nicht mehr!</u> Greifen Sie den Stier bei den Hörnern, und Sie werden immer mutiger und kecker werden! Ihnen wird ganz sicher keiner mehr so schnell das wirtschaftliche Fell abziehen. Wo Sie doch wissen, wie Sie Ihre Haut retten können: <u>indem Sie im Verfahren die Prioritäten setzen.</u> Ergreifen Sie mit beiden Händen alle Rechtsmittel, die Ihnen zustehen. Denn die Justiz und das Recht sind schließlich für alle da.

Sie ist wirklich sehr hübsch

Und? Sind Sie gespannt, was in meiner Warteschleife noch so alles passiert ist? Ich jedenfalls bin zu dem nächsten EV-Termin spaziert. Und das nicht nur wegen der bildhübschen, netten Gerichtsvollzieherin!

Neues Spiel, neues Glück

Lassen Sie nicht locker

Richten Sie Ihren Blick gen Himmel: Sehen Sie den kleinen Flieger, der dort kreist und kreist und kreist? Richtig: Das sind meine Gläubiger, die - jetzt, da ich diese Zeilen schreibe - immer noch in der Luft hängen. Denn so schnell schießen die Preußen nicht, auch nicht, wenn sie auf Justitias Kommando hören. Viele Wege führen nach Rom. Und viele Wege führen im Zwangsvollstreckungs-Verfahren zum Ziel - sofern Sie nur immer am Ball bleiben!

> **Wenn man guten Gebrauch von seiner Zeit machen will, muss man wissen, was am wichtigsten ist, und sich dann mit ganzer Kraft dafür einsetzen.** - Lee Iacocca -

Der Kutscher kennt den Weg

Ich hatte wie immer guten Gebrauch von meiner Zeit gemacht und 8 Monate für mich gewonnen, als ich der Einladung zur EV-Abgabe nachkam.

Diesmal war das Wartezimmer ganz leer gefegt. Deshalb ging ich gleich bis zum weit offen stehenden Büro der Gerichtsvollzieherin durch - und sah dort eine Leidensgenossin sitzen.

Neues Spiel, neues Glück

Nicht nur der Ventilator brummte

An diesem brandheißen Sommertag belastete eine drückende Schwüle die Luft. Aber nicht nur wegen dieser Wüstenhitze kam die Schuldnerin vor mir aus dem Schwitzen nicht mehr raus: Um die 65 bis 70 Jahre alt, hockte die Ärmste mit hochrotem Kopf vor der Gerichtsvollzieherin. Sie schmorte regelrecht, als hätte man sie auf einen elektrischen Stuhl geschnallt. Deshalb musste ich mich im leeren, muffigen Wartezimmer noch eine Weile gedulden.

Schon wieder dieselbe Frage

So wartete ich eine Viertelstunde draußen vor der Tür. Dann schlich die Dame davon - sichtlich erleichtert, als habe sie eine lange verzögerte Zahnwurzelbehandlung endlich hinter sich gebracht. Kaum eingetreten, musste ich mich wieder fragen lassen: »Herr Rademacher, was machen wir denn heute?« »Neue Anträge stellen!« »Na, dann lassen Sie mal sehen!« Sie fischte meinen kleinen Fall aus dem Aktenstapel. Und ich legte ihr gleich den ersten Antrag auf den Tisch:

Wolfgang Rademacher

Amtsgericht
Gerichtstraße 5

<u>PLZ Gerichtsort</u>

59379 Selm, den 11. Juli ....
Eichendorffstraße 27

DR II 1234/..
Gegner 1 ./. Wolfgang Rademacher

Hiermit lege ich Widerspruch gegen die Bestimmungen der Abgabe für die eidesstattliche Versicherung in der o.g. Angelegenheit ein.

Neues Spiel, neues Glück

<u>Begründung:</u>
Die Gerichtsvollzieherin hat in ihrer Ladung folgende unzulässige schriftliche Anordnung gemacht:

Neues Spiel, neues Glück

Aber ein ganz anderer Grund

„Im Hinblick auf die lange Verfahrensdauer weise ich jetzt schon darauf hin, dass ein an mich gerichtetes Ratenzahlungsgesuch nur nach genauer Prüfung Ihrer Vermögensverhältnisse und unter Vorlage entsprechender Belege bewilligt werden kann."

Die GV hat diesen Absatz noch verstärkt, indem sie am rechten Rand diesen Absatz noch mit einem gelben Marker in Form eines geschnörkelten Ausrufezeichens versehen hat.

Beweis: Anlage 1 - Vorladung vom 20. Juni 2006 der GV .....

Diese Anordnung ist unzulässig, weil mir dadurch meine mir zustehenden rechtlichen Ansprüche massivst eingeschränkt werden.

...

Seite 2

Dazu kommt, dass für den eingebrachten Absatz der GV der rechtliche Hinweis bezogen auf diesen neu eingebrachten Punkt fehlt. Der vollständige rechtliche Hinweis ist bei Ladungen und Vorladungen von gerichtsanhängigen Verfahren zwingend vorgeschrieben, damit dem betreffenden Verfahrensbeteiligten keine Rechtsnachteile entstehen. Durch diese gesetzeswidrige Maßnahme werden meine mir gesetzlich zustehenden Rechte nachhaltig eingeschränkt.

Beweis: Anlage 2 - 5 Seiten Vorladung vom 20.06.2006 der Gerichtsvollzieherin ....

Diese Beweise zeigen, dass die gesetzlichen Voraussetzungen für den eingesetzten Passus der GV nicht gegeben sind. Selbst im Merkblatt fehlte der vorgeschriebene rechtliche Hinweis. Die GV ist aus rechtlichen Gründen nicht befugt gesetzliche Möglichkeiten einzuschränken.

Die GV will durch diese eigenmächtige Maßnahme über das Ratenzahlungsgesuch eine Offenlegung der Vermögensverhältnisse erwirken. Hier würde eine Glaubhaftmachung, wie es im Gesetz vorgeschrieben ist, vollkommen ausreichen.

Außerdem ist es gesetzlich unzulässig, weil gerade für die Offenlegung der Vermögensverhältnisse die Eidesstattliche Versicherung vorgesehen ist und die kann nicht über eine nicht gesetzlich bedingte Ratenzahlungsbewilligung durch die GV ausgehebelt werden. Das ist unzulässig.

Kann doch sein?

Deshalb widerspreche ich der Rechtmäßigkeit der von der Gerichtsvollzieherin ... ausgestellten Ladung vom 20. Juni ..... Sie weicht mit ihren Handlungen vom Gesetz ab und wird dadurch zum Gesetzgeber. Das ist nach geltender Rechtssprechung und dem Gesetz unzulässig.
Der Widerspruch gegen die Bestimmungen der Abgabe für die Eidesstattliche Versicherung ist aus diesen Gründen evident.

Wolfgang Rademacher

Neues Spiel, neues Glück

Auch gleich bildlich dargestellt

Selbstverständlich hatte ich von der ersten Seite der Vorladung eine farbige Kopie als Anlage für diesen Antrag gemacht. Darauf prangte der beanstandete Passus mit dem geschnörkelten Ausrufezeichen in seiner ganzen behördlichen Pracht.

Mein entzückendes Gegenüber las sich das, was ich verfasst hatte, komplett durch und schaute mich etwas verdutzt an. Dann protokollierte sie die Übergabe meines Antrags in ihren Laptop:

Das darf dann der Kuckuckskleber machen

> „Der Schuldner legte Widerspruch gegen die Bestimmungen der Abgabe der eidesstattlichen Versicherung ein. Anliegender Widerspruch vom 11.07.06 wurde als Anlage zum Protokoll genommen. Er wurde befragt, ob er Raten zahlen möchte. Dieses wurde vom Schuldner verneint und auf den Widerspruch hingewiesen. Ihm wurde erklärt, dass nur nach Überprüfung der Einkommensverhältnisse eine Ratenbewilligung in Betracht kommt. Er verlangte eine Entscheidung durch das Vollstreckungsgericht."

Sie könnte ja vor einen Baum fahren, und dann stände ich da mit einem Problem

Wir passten den Text noch ein- oder zweimal an, bevor Frau Kuckuckskleberin das Protokoll abspeichern konnte. Ausdrücklich beteuerte sie, dass nach dem Sichern der Datei eine Änderung des Protokolls nicht mehr möglich sei. Trotzdem bestand ich auf einem Papierausdruck der mir genehmen Fassung. Man kann ja nie wissen, was in so unsicheren Zeiten alles passiert!

Leider hatte dieses tolle Büro zwar so gut wie alles zu bieten - allerdings keinen einzigen Drucker. So versprach sie, mir die beiden Ausdrucke für die Verfahren a und b kurzfristig zuzusenden.

Neues Spiel, neues Glück

Und tatsächlich: Fünf Tage später lagen diese beiden Protokolle wie abgesprochen in meinem Postfach. Ich war begeistert, dass ich die Ausdrucke so schnell erhalten hatte.

Sie hielt Wort

Beim ersten Blick auf die Kapitelüberschrift werden Sie sich sicherlich gedacht und gefragt haben: »Warum denn eigentlich ›Neues Spiel, neues Glück‹?« Ganz einfach, weil es im Gesetz einen Paragraphen gibt, der § 900 ZPO heißt.

ZPO § 900 Verfahren zur Abnahme der eidesstattlichen Versicherung

(1) Das Verfahren beginnt mit dem Auftrag des Gläubigers zur Bestimmung eines Termins zur Abgabe der eidesstattlichen Versicherung. Der Gerichtsvollzieher hat für die Ladung des Schuldners zu dem Termin Sorge zu tragen. Er hat ihm die Ladung zuzustellen, auch wenn dieser einen Prozeßbevollmächtigten bestellt hat; einer Mitteilung an den Prozeßbevollmächtigten bedarf es nicht. Dem Gläubiger ist die Terminsbestimmung nach Maßgabe des § 357 Abs. 2 mitzuteilen.

(2) Der Gerichtsvollzieher kann die eidesstattliche Versicherung abweichend von Absatz 1 sofort abnehmen, wenn die Voraussetzungen des § 807 Abs. 1 vorliegen. Der Schuldner und der Gläubiger können der sofortigen Abnahme widersprechen. In diesem Fall setzt der Gerichtsvollzieher einen Termin und den Ort zur Abnahme der eidesstattlichen Versicherung fest. Der Termin soll nicht vor Ablauf von zwei Wochen und nicht über vier Wochen hinaus angesetzt werden. Für die Ladung des Schuldners und die Benachrichtigung des Gläubigers gilt Absatz 1 entsprechend.

Doch nur beim selben Grund

(3) Macht der Schuldner glaubhaft, dass er die Forderung des Gläubigers binnen einer Frist von sechs Monaten tilgen werde, so setzt der Gerichtsvollzieher den Termin zur Abgabe der eidesstattlichen Versicherung abweichend von Absatz 2 unverzüglich nach Ablauf dieser Frist an oder vertagt bis zu sechs Monaten und zieht Teilbeträge ein, wenn der Gläubiger hiermit einverstanden ist. Weist der Schuldner in dem neuen Termin nach, dass er die Forderung mindestens zu drei Vierteln getilgt hat, so kann der Gerichtsvollzieher den Termin nochmals bis zu zwei Monaten vertagen.

(4) Bestreitet der Schuldner im Termin die Verpflichtung zur Abgabe der eidesstattlichen Versicherung, so hat das Gericht durch Beschluss zu entscheiden.

So dachte ich das

Neues Spiel, neues Glück

Die Abgabe der eidesstattlichen Versicherung erfolgt nach dem Eintritt der Rechtskraft der Entscheidung; das Vollstreckungsgericht kann jedoch die Abgabe der eidesstattlichen Versicherung vor Eintritt der Rechtskraft anordnen, wenn bereits ein früherer Widerspruch rechtskräftig verworfen ist, wenn nach Vertagung nach Absatz 3 der Widerspruch auf Tatsachen gestützt wird, die zur Zeit des ersten Antrags auf Vertagung bereits eingetreten waren, oder wenn der Schuldner den Widerspruch auf Einwendungen stützt, die den Anspruch selbst betreffen.

Soweit muss es erst mal kommen

(5) Der Gerichtsvollzieher hat die von ihm abgenommene eidesstattliche Versicherung unverzüglich bei dem Vollstreckungsgericht zu hinterlegen und dem Gläubiger eine Abschrift zuzuleiten.

Nun wartete ich darauf, was mir die Rechtspflegerin zustellen würde. Letztes Mal hatte es genau 9 Tage gedauert, bis ich ihre Zeilen in meinen Händen hielt. Dieses Mal brauchte sie etwas länger: Erst am 27. Juli flatterte ihr Konterversuch ins Haus: keine sanfte Anforderung einer Stellungnahme mit einer Beantwortungsfrist mehr. Sondern gleich ein schroffer „endgültiger Beschluss". Holla, jetzt streifte die Rechtspflegerin wohl Siebenmeilenstiefel über!

Sie wies meinen Antrag als unbegründet zurück und verkroch sich hinter den Gesetzen und Paragrafen. Und zwar so:

Der Schuldner rügt, dass der Passus

Hatte ich mir fast gedacht, dass es so kommt!

„Im Hinblick auf die lange Verfahrensdauer weise ich jetzt schon darauf hin, das ein an mich gerichtetes Ratenzahlungsgesuch nur nach genauer Prüfung Ihrer Vermögensverhältnisse und unter Vorlage entsprechender Belege bewilligt werden kann."

eine Einschränkung seiner Rechte beinhalten und rechtliche Hinweise bezüglich der von der Gerichtsvollzieherin angekündigten Vorgehensweise fehlen.

Dies ist nicht richtig. Die Ladung enthält nicht nur den obigen Hinweis, sondern auf Seite 2 im letzten Absatz auch die rechtliche Belehrung über die Terminsverlegung auf Grund der Bewilligung der Ratenzahlung. Sowohl als Hinweis, als auch auf die Belehrung entsprechend der Gesetzeslage § 900 Abs. 2 ZPO.

Nur - darum ging es mir ja gar nicht!

Neues Spiel, neues Glück

Die Rechtspflegerin hatte meinen Antrag wohl nur überflogen. Aber Sie hoffentlich nicht! Denn dann erinnern Sie sich, dass es in meinem Antrag um Folgendes ging:

> „Die GV will durch diese eigenmächtige Maßnahme über das Ratenzahlungsgesuch eine Offenlegung der Vermögensverhältnisse erwirken. Hier würde eine Glaubhaftmachung, wie es im Gesetz vorgeschrieben ist, vollkommen ausreichen.
>
> Außerdem ist es gesetzlich unzulässig, weil gerade für die Offenlegung der Vermögensverhältnisse die Eidesstattliche Versicherung vorgesehen ist und die kann nicht über eine nicht gesetzlich bedingte Ratenzahlungsbewilligung durch die GV ausgehebelt werden. Das ist unzulässig".

Hier lag der Unterschied

Richtig, um die „Forderung einer Offenlegung der Vermögensverhältnisse ohne die Abgabe der Eidesstattlichen Versicherung".

Der Meinung meiner werten Gegenspielerin konnte ich mich nicht anschließen. Wo die Justiziar-Dame doch offensichtlich Birnen mit Äpfeln verwechselt hatte!

> **Aufwachen ist die beste Art, seine Träume wahr zu machen.**
> **- Diane Keaton -**

Diesem Beschluss lag die Aufforderung zu einer neuen Abgabe der EV bei, weil die Rechtspflegerin der Ansicht war, dass es sich um dasselbe Verfahren handeln würde. Und hier sei ja schon eine rechtskräftige Entscheidung getroffen worden.

Es war ein ganz anderer Grund

Was sie meinte? Natürlich meinen Antrag, der die nicht ordnungsgemäße Zustellung der Vollstreckungsvoraussetzungen thematisiert hatte.

Neues Spiel, neues Glück

Ob ich mich auf den bezogen hatte? Mitnichten! Es ging um etwas ganz anderes. Und zwar um den eingefügten Passus in der Vorladung der Gerichtsvollzieherin.

Wie bei einem Intercity

Prompt rauschte zwei Tage die Zustellung für die erneute Vorladung zur Abgabe der Eidesstattlichen Versicherung herein. Termin: 15. August, wieder im Büro der Gerichtsvollziehern. Womit sich die Zahl der Warteschleifenmonate auf 18 erhöht hatte.

Jetzt waren zwei Anträge nötig, um den EV-Termin erneut voll auszubremsen:

1.) Die befristete Erinnerung gemäß § 11 des Rechtspflegergesetzes. Dies musste binnen 2 Wochen nach Zustellung erfolgen.

ES sind wirklich zwei Anträge zu stellen

2.) Die sofortige Beschwerde nach § 793 ZPO. Das habe ich Ihnen ja schon mal erklärt. Gleiche Frist: Innerhalb von 14 Tagen hatte die Beschwerde beim Gericht einzugehen.

So ein Zwillingsverfahren hatte ich auch noch nicht gehabt

Während ich diese Worte zu Papier bringe, laufen »meine« Verfahren a und b immer noch. Nach fast identischem Muster: Jedes Gesuch wird seinen eigenen Antrag bedient. Entsprechend schoss ich so zurück:

Wolfgang Rademacher

Amtsgericht
Gerichtsstraße 5

Plz Gerichtsort

59379 Selm, den 11. August ....
Eichendorffstraße 27

per Telefax ....- ....
DR II 1234/..
Gegner 1 ./. Wolfgang Rademacher

Neues Spiel, neues Glück

> Hiermit lege ich form- und fristgemäß die befristete Erinnerung gemäß §11 RPflG. gegen die Anordnung für die Abgabe der eidesstattlichen Versicherung ein.
>
> Begründung:
> Die Rechtspflegerin hat in ihrem ablehnenden Beschluss vom 25. Juli ...., zugestellt am 27. Juli ...., die Anordnung für die Abgabe der eidesstattlichen Versicherung angeordnet. Sie bezieht sich auf § 900 ZPO Abs. 4 ZPO.
>
> Der § 900 ZPO Abs. 4 ZPO trifft auf diesen Fall nicht zu, weil es sich hier um ein völlig neuen Widerspruchgrund in diesem Verfahren handelt, wo noch <u>kein</u> rechtskräftiger Beschluss ergangen ist. Es ist hierdurch ein neues Verfahren entstanden. Parallel ist die sofortige Beschwerde gegen den abgelehnten Beschluss vom 25. Juli .... form- und fristgerecht gestellt worden, über den das zuständige Vollstreckungsgericht bisher noch nicht entschieden hat.
>
> Hiermit beantrage ich die Aufhebung für den Termin zur Abgabe der eidesstattlichen Versicherung am 15. August .....
>
> Wolfgang Rademacher

Wichtig ist, dass Sie dagegen angehen

Zack! Kurz und schmerzlos! Und was ist mit dem zweiten Antrag, der sofortigen Beschwerde gegen die Ablehnung? Gleich hinterher damit! Das Wichtigste: Wenn ich Post vom Gericht bekomme, studiere ich die rechtlichen Möglichkeiten und die vorgegebenen Fristen. Dann mache ich mich an die Begründung. Ohne zu vergessen, die Termine getreulich auf meinem Klo-Planer zu vermerken. So sorge ich dafür, dass Abgabetage ganz sicher eingehalten werden.

Ich hatte zwei rechtliche Hinweise mit den entsprechenden Terminvorgaben zu beachten: Neben der Erinnerung gegen den Beschluss der Gerichtsvollzieherin musste ich die sofortige Beschwerde einlegen. <u>Ums noch mal ganz deutlich zu betonen: Die Fristen MÜSSEN eingehalten werden!</u>

Immer gut aufpassen, was am Ende der Beschlüsse steht

Neues Spiel, neues Glück

Bleiben Sie beim Begründen immer sachlich!

Und keine Angst vorm Begründen! Sie können alles nach und nach verbessern. Es kann - wie in meinem Fall - sogar sein, dass die Gerichtsbeteiligten selbst Sie mit immer neuem Zündstoff versorgen. Bloß keine Hemmungen - nutzen Sie diesen Umstand gnadenlos aus! Denn JEDE Antragsbegründung ist legal, solange sie sich mit dem Verfahren selbst beschäftigt. Etwa so:

Wolfgang Rademacher

Amtsgericht
Gerichtsstraße 5

Plz Gerichtsort

59379 Selm, den 11. August ....
Eichendorffstraße 27

per Telefax .... - ....
Geschäfts-Nr.: 15 M 2739/05
Gegner 1./. Wolfgang Rademacher
Ihr Beschluss vom 25. Juli .... - Zugestellt am 27.07...
Rechtsmittel der sofortigen Beschwerde, gemäß § 793 ZPO

Hiermit lege ich form- und fristgerecht sofortige Beschwerde gegen den Beschluss vom 25. Juli .... ein, der mir am 27. Juli .... zugestellt wurde.

Begründung:
Die Rechtspflegerin ist auf meinen begründeten Widerspruch gegen die Abgabe für die eidesstattliche Versicherung sachlich nicht eingegangen.

Um weitere Wiederholungen zu vermeiden, mache ich meinen Widerspruch zum Inhalt und Gegenstand dieser Begründung für diesen Antrag. Aus dem Widerspruch vom 11. Juli ... ergibt sich, dass die Vorladung durch den nachträglichen Eintrag der Gerichtsvollzieherin nicht den gesetzlichen Vorschriften entspricht und die Rechte des Schuldners massiv eingeschränkt werden.

Der Text kommt mit der Erfahrung

Sollte noch weitere Begründungen erforderlich sein, so bitte ich um entsprechende Aufforderung.

Ich beantrage eine richterliche Entscheidung durch das Vollstreckungsgericht.

Wolfgang Rademacher

Neues Spiel, neues Glück

Die Anträge habe ich dem Gericht zugefaxt. Zum fälligen Zeitpunkt, versteht sich. Sicherheitshalber bin ich an diesem sonnigen und erfrischenden Spätnachmittag mit meinem Tretesel zum Gerichts-Nachtbriefkasten gefahren, um die »schmutzige Bombe« auch noch mal direkt abzuwerfen. Könnte ja sein, dass das Gerichtsfaxgerät bei der Übertragung geklemmt hatte oder durch einen Papierstau lahm gelegt war ...

Mein liebster Postweg

> **Wer nicht an die Zukunft denkt, der wird bald große Sorgen haben.** - Konfuzius -

Und? Was denken Sie jetzt? Etwa: »Hat der aber dicke Nerven!« Den meisten, die sich als Neuling aufs Gebiet der gewieften Schuldentilgung wagen, fällt es schwer, so zu agieren. Doch das massive Kribbeln in Ihrem Magen-Darm-Trakt wird sich recht schnell legen. Einfach Augen zu und durch! Denn was ich kann, können Sie schon lange!

<u>Mein Tipp: Überwinden Sie Ihre Angst, Anträge zu stellen!</u> Schließlich steht Ihnen dieses Recht zu. Sorgen Sie sich vor allem nicht darum, dass Ihnen vielleicht Mittel und Wege ausgehen könnten, laufend neue Anträge zu formulieren. Ich, Wolfgang Rademacher, weiß, wovon ich spreche! Orientieren Sie sich an den Paradebeispielen in diesem Buch; entwickeln Sie jene Fantasie, die ein Stempelschwinger garantiert nicht aufbringt. Mit Selbstmitleid oder Magenschmerzen allein kommt auf diesem Planeten und bei Justitia keiner mehr weiter.

Angst ist die andere Hälfte von Mut

Neues Spiel, neues Glück

Anständigkeit ist der Trost, der einem nach schlechten Geschäften übrig bleibt

Werden Sie im Moment von quälenden Sorgen gebeutelt? Erkennen Sie deshalb nicht, welche Rechtsmittel Sie einlegen sollen? Verständlich. Aber jetzt haben Sie ja dieses Buch. Und damit das nötige Wissen. Jetzt noch etwas Einfallsreichtum - und schon sind SIE es, der darüber bestimmt, wann und wo Ihnen das wirtschaftliche Fell abgezogen wird - und in welchem Ausmaß.

Wenn ich mit Schicksalsgenossen spreche und ihnen rate: »Dann stellen Sie doch Anträge!«, werde ich angesehen, als käme ich von einem anderen Stern. »Anträge? Was sind denn Anträge?«, bekomme ich immer wieder zu hören. Sie, lieber Leser, wissen jetzt, was Anträge sind. Daher spare ich mir ab jetzt weitere Erklärungen.

Zukunft ist leider auch nicht das, was sie früher war

Lassen Sie so was wie ein schlechtes Gewissen erst gar nicht aufkommen. Es geht um nichts weniger als um Ihre Zukunft! Und diese Zukunft kann Ihnen auf Jahre völlig verbaut werden - von unerbittlichen Gläubigern. Diese Gefahr sollte als Dauerwarnlampe in Ihrem Bewusstsein flackern! Die Gläubigerseite kennt schließlich auch keinerlei Gnade, sollten Sie in die Gosse oder Armutsfalle geschickt werden. Auf gut deutsch: »Was schert es die deutsche Eiche, wenn sich eine Sau an ihr kratzt?«

Nur wer die Pfade kennt kommt mit heiler Haut heraus

Sie haben mit dem §§§-Dschungel ein machtvolles Werkzeug. Nutzen Sie es! Bloß keine Hemmungen! Wenn Ihr Vorgang erst mal im Aktenleichen-Archiv liegt, wird kein Hahn mehr nach Ihrem Verhalten krähen.

Neues Spiel, neues Glück

Leben und sterben lassen

Bis es so weit ist, haben Sie das Recht, ganze Aktenordner mit Papier und Anträgen zu füllen. Denken Sie an das chinesische Sprichwort: »Wenn ein Blatt Papier ins Amt flattert, brauchen sie einen Ochsenkarren, um den Aktenberg wieder zu entfernen.«

Das können Sie auch zu jeder Zeit tun

Und was oder wer hält Sie davon ab, irgendwann in oder nach dem Verfahren Ihren Kontrahenten mit Geld zu überraschen? Etwa, weil Sie die Summe zusammen haben oder diese Verfahrensweise einfach leid sind. Malen Sie es sich schon mal aus: Eines Tages, nach einer heroischen Abwehrschlacht, stehen Sie bei Ihrem Gläubiger auf der Matte und halten ihm Geld unter die Nase. Sein Geld, das er schon abgeschrieben hatte! Sie lächeln ihn freundlich an, reichen ihm die Hand ... Ich verspreche Ihnen: Er wird dumm aus der Wäsche gucken!

Mein liebstes Vergleichen

Je nach dem, welche Summe offen steht, können Sie sich nach dem Verfahren dafür entscheiden, den Betrag abzustottern. Was aber, wenn Sie die Zeit clever genutzt und die Summe schon zusammengespart haben? Selbst dann rate ich Ihnen: Bringen Sie das Spiel mit möglichst kleinen Teilbeträgen zu Ende. Denn mit einem Finanzpolster im Rücken lebt es sich angenehmer. Daher bevorzuge ich immer die Teilrückzahlung in schmackhaften Häppchen.

Doch das sind ungelegte Eier. Wenn Sie sich fragen, was als nächstes kommt: Die Akten wandern wieder durch die Ämter, bis sie eines Tages wieder entschieden sind.

Neues Spiel, neues Glück

Diese Post kommt immer von selbst

Kümmern Sie sich einfach nicht weiter darum. Sobald Sie den nächsten Beschluss nach einer »gelben« Zustellung in Ihrem Briefkasten finden, werden Sie schon wissen, was dann zu tun ist.

Ähm, etwa ... neue Anträge schreiben? Ich sehe schon: Sie haben das Prinzip begriffen!

Ich jedenfalls mache ich mich wieder auf den Weg zu meiner hübschen wie netten Gerichtsvollzieherin. Folgende Antragsbegründung habe ich in der Tasche:

> Hiermit lege ich Widerspruch gegen die Bestimmungen der Abgabe für die eidesstattliche Versicherung in der o.g. Angelegenheit ein.
>
> **Begründung:**

Mit wenig Worten viel belegen

> Gegen den Beschluss des Amtsgerichtes vom 25. Juli ... habe ich form- und fristgerecht Erinnerung und gleichzeitig sofortige Beschwerde eingelegt.
>
> Da hier noch keine Entscheidung durch das Vollstreckungsgericht erfolgt ist, lege ich hiermit begründet den o.g. Widerspruch ein.
>
> Wolfgang Rademacher

Nun schleicht alles wieder seinen normalen amtlichen Gang entlang. Denn noch ist nicht aller Tage Abend. Und meine Gläubiger kreisen in der juristischen Warteschleife. Und kreisen. Und kreisen ...

Egal: ebenso schlecht wie etwas anderes

Und wie bemerkte noch meine zauberhafte Gerichtsvollzieherin, als wir die letzte Antragsprozedur beendet hatten, sie sich erleichtert zurücklehnte und ihre Hände hinter ihrem Kopf faltete: »Da kriegen wieder einige einen dicken Hals und knallroten Kopf«.

Ich bitte darum!

Neues Spiel, neues Glück

Was hat der Spaß gekostet? Das wollen Sie jetzt bestimmt wissen, stimmt's? Ehrlich gesagt, war ich darauf auch spitz wie Lumpi. Deshalb wollte ich von einigen Rechtsanwälten wissen, welche Gerichtskosten wohl auf mich zukämen. »Keine!«, tönte es vollmundig. Aber wie das im Rechtssystem so ist, sehen Anwälte und Gerichte die Welt jeweils von einem anderen Stern aus.

Alles hat seinen Preis

Denn in dem abgelehnten Beschluss vom 30. März, den mir das Landgericht zuschickte, erspähte ich gleich auf der ersten Seite:

> „Die Kosten des Beschwerdeverfahrens trägt der Schuldner."

Da war ich sehr gespannt ...

Ups! Und dann, beim Umblättern auf Seite 2 gleich oben in der ersten Zeile, die Drohung:

> „Der Wert des Beschwerdeverfahrens wird auf 600 € festgesetzt."

»Ha«, dachte ich, »Da haben sich die Rechtsverdreher mal wieder geirrt!« Am 10. August wurden mir die Gerichtskosten mitgeteilt. Natürlich für beide Verfahren.

Also:

    a.   433,05 € Beschwerdekosten 30,60 €.

    b. 3.926,01 € Beschwerdekosten 30,60 €.

... und sehr erstaunt

Zwei Verfahren - ein Preis! Ein Schnäppchen-Preis sogar, verglichen mit dem enormen Zeitgewinn, den ich jetzt schon erreicht habe.

Neues Spiel, neues Glück

Für das Klein-Geld ergattern Sie garantiert keinen Dauer-Parkplatz mehr, den Sie über eine so lange Zeit nutzen können.

Früher war vieles umsonst

Wie war das doch in dem früheren Beschwerdeverfahren, das ich im Kapitel »Verfahren im Verfahren« meines Buchs »Die Macht des Schuldners« beschrieben habe? Da musste ich noch keinen roten Heller bezahlen. Doch die Zeiten haben sich geändert. So ist das nun mal.

> **Der größte Luxus ist eine eigene Meinung; nur wenige leisten sich ihn.** - Peter Bamm -

Der Preis ist heiß

Als ich, gespannt wie ein Flitzebogen, das Schreiben mit den Gerichtskosten aus dem Briefumschlag fischte, setzte ich ein Grinsen auf, das »Dallas«-Schurke J.R. alle Ehre gemacht hätte. Schlappe 30,60 € für all den Antrags-Granathagel, mit dem ich meine Gegner eingedeckt hatte.

Angesichts der Zeit, die ich bereits gewonnen, kann ich solche Kurse ja nur als Aufforderung zum Weitermachen verstehen. Ich werde also weiterhin intensiven Gebrauch von meinen Möglichkeiten im Beschwerdeverfahren machen.

Nutzen auch Sie diese günstigen Kurse!

Das Panamasyndrom

In den beiden voran gegangenen Kapiteln habe ich Ihnen von »meinem« Verfahren erzählt, das noch gar nicht abgeschlossen ist. Während ich diese Zeilen schreibe, überlege ich mir ebenso eifrig wie erfolgreich neue Antragsbegründungen, um die EV-Abgabe zu verzögern oder ganz aus den Angeln zu heben. Ich werde meine Gläubiger noch lange Zeit in der Warteschleife zappeln lassen, bis ich zu einem Abschluss bereit bin.

Es dauert eben alles seine Zeit

> **Geh deinen eigenen Weg und schlage nicht den Pfad eines anderen ein.**
> - Ägyptisches Sprichwort-

Wenn mich verzweifelte Schuldnerinnen und Schuldner anrufen, vermitteln sie meist den Eindruck, dass der Schulden-Henker schon vor ihrer Tür stehe. Die blanke Panik treibt sie um, und sie malen sich aus, wie all ihre Siebensachen rüde aus ihrer Behausung geschleppt werden.

Oft völlig unnötig

Dabei ist bei den meisten Zitternden noch alles im grünen Bereich.

»Was ist denn der ›grüne Bereich‹?«, werden Sie jetzt fragen.

Das Panamasyndrom

Keine Ampelkoalition

- **Der grüne Bereich:** Sie sind klamm. Ihre Rechnungen können Sie nicht bezahlen - für den Moment. Mahnungen zählen zu Ihrer täglichen Post-Lektüre; Schecks und Lastschriften platzen wie Pflaumen im Herbstregen.

- **Der gelbe Bereich:** Mahnungen bekommen Sie nicht mehr - auf die und auf geplatzte Transaktionen reagieren Sie ja eh nicht. Jetzt trudeln Mahnbescheide ein. Erst wenn der vollstreckbare Titel kommt, wird's wirklich ernst - dann droht ...

- **Der rote Bereich:** Der beginnt, wenn Sie mit Gewissheit davon ausgehen können, dass der Gerichtsvollzieher bald auf Ihrer Matte stehen wird. Dann liegen ganz sicher vollstreckbare Titel vor. (Ausnahmen bilden Vollstreckungsbeamte vom Finanzamt, Behörden oder Energielieferanten; die wenden andere Systeme an.)

Damit haben mehr Leute Probleme als Sie sich vorstellen können

Ganze Kompanien von Teufeln werden mir per E-Mail an die Wand gemalt. Absender sind angststarre Schuldner, die noch völlig grün sind - sowohl auf ihre Erfahrung als auch auf ihren Bereich bezogen. Nur weil das Konto momentan leer oder eine Lastschrift geplatzt ist. Eigentlich kein Grund zur Panik. Dennoch rief mich mal eine Frau um die 30 an, der diese Symptome schwer zu schaffen machten.

Das Panamasyndrom

Die junge Mutter fragte mich doch allen Ernstes: »Wie kann ich eine Gesellschaft in Panama gründen?« Der Grund: »Im Moment kann ich meine Rechnungen nicht bezahlen, und dann wird doch bestimmt bald der Gerichtsvollzieher kommen. Eine Lastschrift meiner Telefonrechnung ist schon geplatzt.«

Na und?

»Keine Panik. Bei Ihnen ist noch alles im grünen Bereich!«, beruhigte ich sie. »Meinen Sie nicht, dass der Gerichtsvollzieher jetzt sofort auftaucht?«, erkundigte sie sich hörbar erleichtert. Ich klopfte die wirtschaftlichen Verhältnisse der jungen Dame ab. Resultat: Sie wollte nur ihr bescheidenes IKEA-Mobiliar aus einer 45-m²-Wohnung in Sicherheit bringen. Dafür war sie in ihrer Verzweiflung sogar bereit, sich auf geschäftliches Glatteis zu begeben. Dorthin, wo unter der Eisdecke ein Haifisch-Rachen nach dem anderen auf leichte Beute lauert.

Verständlich: War ihr einziges Hab und Gut

Ich ließ ihr mein Buch »Die Macht des Schuldners« zukommen. Einige Wochen später erzählte sie mir, dass sie ihre finanziellen Probleme jetzt doch reduziert habe und ihre Lage nunmehr gelassener sehe.

Vor kurzem hatte ich einen sehr netten Arzt an der Strippe. Völlig aufgelöst bangte er um seine Existenz, obwohl er sich das Buch »Die Macht des Schuldners« zugelegt hatte. Aber er fand einfach kein Rezept, das dort Gelesene in aktives Handeln umzusetzen. Bei unserem Gespräch war es Montag; bis zum Monatsletzten dauerte es immerhin noch eine volle Woche.

Kennen Sie das Problem - das mit der Zeit und dem Geld?

Das Panamasyndrom

»Am nächsten Montag muss ich 10.000 € bezahlen, und die habe ich im Moment nicht!«, wimmerte es ganz ängstlich aus dem Hörer.

»Die hatte ich sonntags oft auch noch nicht zusammen«, versicherte ich ihm.

Denken Sie daran: Die Bank hat doch mehr als Sie

»Aber ich muss doch meine Raten bei der Bank bezahlen, meine Miete für die Praxis, meine Angestellte usw.«, listete er mir seine Verbindlichkeiten fast vollständig auf.

Das wollte er nicht antasten

»Sie haben doch noch eine Woche Zeit, um das Problem zu lösen oder das Geld zu beschaffen. Deshalb müssen sie doch im Moment nicht hektisch werden.« Im Laufe des Gesprächs stellte sich peu à peu heraus, dass er im Schließfach seiner Bank noch eiserne Reserven von weit über 10.000 € hortete. Zudem befand sich der Kfz-Brief seines schweren Toyota-Geländewagens ebenfalls in seinem Besitz. Schulden hatte er nicht - schließlich hatte er bislang noch immer alles bezahlt. Was er hatte, waren Verbindlichkeiten in Höhe von 250.000 €. Dagegen standen aber Werte in gleicher Höhe.

Doch bis dahin ist es ein langer Weg

Mit einem Manko hatte er allerdings wirklich zu kämpfen: mangelnde Einnahmen. Auf medizinischem Gebiet war er eine Kapazität - als Wirtschafter in eigener Sache hingegen wetzte er seinen Grünschnabel. Dazu kam, dass sich seine Bank bei der Kreditvergabe stets sehr großzügig gezeigt hatte. Und so hatte sich über Jahre die Zahlungsschlinge immer enger um seinen Hals gezogen. Jeder andere hätte jetzt nur eine einzige Diagnose gestellt: Pleite!

Das Panamasyndrom

Tatsächlich befand er sich immer noch im grünen Bereich. War er doch einer der pünktlichsten Zahler überhaupt.

Mit Hilfe seiner Bank konnte er locker seinen guten Ruf bezahlen, der ihm stets lieb und teuer war. Wie wir inzwischen gelernt haben, können Sie das mit dem »teuer« ruhig wörtlich nehmen. Meist wird der schöne Schein auf Kosten anderer am Leben erhalten.

Kostet immer eine unnötige Stange Geld

Da meine Lebensgefährtin an einer Krankheit litt, von der wir uns mit seiner Hilfe Heilung versprachen, besuchten wir den Arzt am folgenden Samstag in seiner 185 km entfernten Praxis. Ich lernte ihn als sehr liebenswerten Menschen kennen, der wirklich nur die Heilung seiner Patienten im Sinn hat. Seine Behandlung mit Spezialgeräten auf energetischer Basis schlug bei der ersten Therapiesitzung schon sichtbar an - was die Schulmedizin nur mit zweifelhaften Kortison-Tropfs erreicht hatte.

Die Behandlung meiner Besten dauerte 5 Stunden. In den Pausen unterhielten wir uns über seine finanzielle Situation. Dabei riet ich ihm, zunächst eine genaue Liste seiner Zahlungsverpflichtungen aufzustellen. Zum Schluss der Behandlung bot ich ihm an, mich am Sonntag in meinem Büro zu besuchen - mit der Liste. Dann würden wir über die Zahlungsstrategie sprechen. Völlig überrascht, aber sichtlich erleichtert und freudig sagte er sofort zu.

Das, was der Doc jetzt zu seiner eigenen Heilung brauchte

Das Panamasyndrom

So legte er mir, nachdem ich ihn zum Essen eingeladen hatte, zwei handschriftliche Listen seiner Büroangestellten vor: eine Liste über die Zahlungen und eine Aufstellung über Verbindlichkeiten und Vermögenswerte. Die zweite Liste mit Aktiva und Passiva glänzte durch Ausgeglichenheit. So eine Zahlungsliste macht immer wieder deutlich: Viele von uns arbeiten vor allem für andere, was sich gerade in solchen Krisensituationen zeigt. Die größten Posten waren:

Fremdes Geld ist immer teuer und drückt nicht nur aufs Konto

- 4.000 € monatliche Raten mit Tilgung und Zinsen bei seiner Bank.

- 2.000 € Versicherungen: Leben, Haftpflicht, Sach. Vor allem war er bei der Lebensversicherung so überversichert, dass man sein Grab mit Goldstaub würde zuschaufeln können - wenn er die Lebensversicherung doch bloß nicht der Bank abgetreten hätte.

Unnütze Ausgaben werden meistens nicht unter die Lupe genommen

- 1.410 € Miete - na gut. Aber 150 € für 10 Parkplätze, die er seit Eröffnung seiner Praxis noch nie gebraucht hatte? Als ich ihn auf diese Torheit hinwies, konnte er nur nicken.

- 875 € Benzinrechnung. Aber das war ihm seine Mobilität halt wert.

Mit Telefon, Lohnzahlung, Strom und Wasser kamen noch weitere Kleckerbeträge hinzu. Dann fragte ich nach den privaten Ausgaben. Doch die hatte er in der „Hektik" total vergessen.

Das Panamasyndrom

Ich riet »Herrn Doktor« zu folgender Therapie: erst einen Termin bei der Bank ausmachen und dann die Aussetzung der Raten für ein halbes bis ganzes Jahr erreichen. »Geht so was denn?«, fragte er mich.

Das kannte der Doc nicht

> **Es ist besser eine unvollkommene Entscheidung zu treffen, als ständig nach vollkommenen Entscheidungen zu suchen, die es niemals geben wird.** - - Charles De Gaulle -

»Ja, sicher. Rechnen Sie mal nach, was Ihre Bank bisher von Ihnen an Zinsen bekommen hat.« »Oh, das waren wohl Hunderttausende von Euros«, überschlug er völlig überrascht. »Sehen Sie, wenn die Bank Ihres Vertrauens in guten Zeiten so gut bedient wurde, dann kann sie Ihnen in schlechten Zeiten auch mal unter die Arme greifen.« Eine Hand wäscht eben die andere! Doch diese Erkenntnis kommt der Mehrzahl braver Kreditbediener erst gar nicht in den Sinn. Doch halten Sie Ihrer Bank ruhig mal die gewaltigen Zahlungsleistungen unter die Nase, die Sie für sie erbracht haben.

Das sollten Sie auch mal tun. Dann werden Banker ganz komisch - ist schon komisch

Bei einem weiteren Anruf fragte mich der Doc, ob er seine wertvollen Gemälde und Geräte in Sicherheit bringen sollte. Seine Angst, wirtschaftlich bald ausgeblutet zu sein, hielt sich wie ein hartnäckiger Dauerhusten. »Sie haben im Moment doch nur Verbindlichkeiten und sind nicht auf der Flucht!«, beruhigte ich ihn. »Bei Ihnen ist alles noch im grünen Bereich.«

So schnell kommen die Kuckuckskleber nicht. Die müssen auch erst mal einen Auftrag erhalten

231

Das Panamasyndrom

Am Ersten war für den Doc schon der Letzte

Zwei Tage nach dem Monatsletzten, war ich wieder in seiner Praxis. Neues Geld, um die laufenden Kosten zu begleichen, war noch nicht eingegangen. Die Medizin, zu der ich ihm geraten hatte, schien ihm offenbar zu bitter. Nur Telefonnummern hatte er sich geben lassen: Er beabsichtigte, alle, bei denen er Verbindlichkeiten hatte, um Verschiebung der Zahlungsziele bitten.

Er wand sich wie ein nass gewordener Pudel, statt von seinen Möglichkeiten Gebrauch zu machen

Das war schon mal erfreulich. Immerhin wollte er wohl aktiv werden, um sein Problem zu beheben. Nun lag die Liste mit den Telefonnummern und den fälligen Beträgen auf seinem Schreibtisch. Nur hinderten ihn Hemmungen daran, wirklich zum Telefonhörer zu greifen und den finanziellen Krankheitsherd auszumerzen. Die Liste führte der Vermieter seiner Praxis an. Mit ihm zu einer Übereinkunft zu kommen war dem Mediziner am wichtigsten. »Was soll ich denn sagen?«, fragte er mich, nachdem ich ihn drängte, jetzt auch loszulegen.

»Sagen Sie Ihrem Vermieter, dass Sie in den nächsten 14 Tagen oder drei Wochen die Miete bezahlen werden, weil Sie im Moment noch auf einige Geldeingänge warten.« »Und wenn ich dann das Geld noch nicht habe?«, fiel er mir zum Ende des Satzes ins Wort. »Dann rufen Sie nochmals an und lassen sich das Zahlungsziel verlängern. Oder vereinbaren Sie einen neuen Zahlungstermin.« Endlich rief er an.

Wirklich: nicht länger!

Genau nach meiner Strategie führte er sein Telefongespräch.

Das Panamasyndrom

Es dauerte auf die Sekunde gerade mal 2 Minuten und 52 Sekunden.

Er schaltete sein Mobiltelefon ab, wie von einer schweren Last befreit. Erlöst berichtete er mir: »›Kein Problem!‹, hat die Sekretärin gesagt, ›Sie haben ja immer pünktlich bezahlt.‹« Man konnte ihm die Erleichterung richtig ansehen. So, als habe man ihm zwei Sack Zement von den Schultern genommen.

Hach, war doch gar nicht so schwer

> **Ohne Mut und Entschlossenheit kann man in großen Dingen nie etwas tun, denn Gefahren gibt es überall.**
> - Carl von Clauswitz -

Ermutigt rief er seine anderen Gläubiger an und streckte in der gleichen Weise seine Verbindlichkeiten. Nun muss er dafür sorgen, dass diese Zahlungstermine auch eingehalten werden. Sonst werden aus Verbindlichkeiten tatsächlich Schulden.

Ein Mann, ein Wort oder wieder anrufen - auch wenn es unangenehm ist

Glauben Sie mir, liebe Leserin, lieber Leser: vom „reichen" Sylt bis zum idyllischen Bodensee, von Aachen bis Zwickau, sogar aus Österreich und der Schweiz erreichen mich Anrufe, E-Mails, Telefaxe und Papierbriefe, die alle die gleichen Probleme schildern. Probleme, die auch Sie belasten.

Viele, die Schuldner sind oder sich als Schuldner fühlen, reisen gar aus allen Ecken unseres Vaterlandes an, um mich in meinem Büro persönlich zu beehren.

Fahren bis zu 800 km, um mit mir zu sprechen

Das Panamasyndrom

So ist mein Heilverfahren

Ohne eine ganz einfache, mittelschwere oder notfalls komplizierte Lösung muss keiner wieder heimfahren. Wochen später wird mir dann telefonisch geschildert, wie einfach und gut doch die Lösungen waren und wie stolz sie doch sind, dass sie die Finanzprobleme selber geregelt haben.

Hier sage ich nur: »Niemals aufgeben« Denken Sie an die Kröte mit dem Storch!

Später nahm mich der Arzt ins Vertrauen: Er habe sich sogar schon erschießen wollen, weil er keinen Ausweg wusste. Darauf ich: »Es geht doch nur um Geld. Wegen Geld erschießt man sich doch nicht! Wer die Nerven hat, so viele Schulden aufzubauen, hat auch die Nerven, sie wieder abzubauen!«. Dabei strahlte ich ihn an und vernahm seine Antwort: »Im Grunde genommen haben Sie ja Recht. Doch Sie wissen das schon. Ich aber muss diese Lektion erst noch lernen.«

Nehmen Sie sich die positiven Beispiele zu Herzen. Nicht nur im Grunde genommen - immer! Sie werden staunen, wie schnell Ihre Finanzprobleme verschwinden. Denn kein Problem ist größer als seine Lösung.

Zahlungstermine zu strecken bringt Ihnen sofort wieder mehr Lebensqualität. <u>Mein Tipp: Stehen Sie anschließend zu Ihren Versprechen.</u> Wenn nicht, rutschen Sie in die „gelbe" Phase - und nach der gleich in die dunkle „rote". Obwohl Sie sich sogar aus der wieder heraus schlawinern könnten. Indem Sie das Wissen dieses Buches nutzen.

Bei beiden finden Sie neue Ansichten

Also, lassen Sie sich nicht verrückt machen. Gründen Sie keine Gesellschaft in Panama - fahren Sie lieber dorthin in Urlaub!

Rette Haus und Hof

Das Wissen, über das Sie nun verfügen, ist Ihr persönliches Bollwerk, das Ihnen in der Zwangsvollstreckung Schutz bietet. Aber gibt es eine ebenso stabile Verschanzung auch bei der ähnlich gelagerten Zwangsversteigerung? Aber ja! Denn auch hier können Sie mit Anträgen das Verfahren in die Länge ziehen wie ein flexibles Bungee-Band - fast bis zum Sankt-Nimmerleins-Tag.

Und doch kann jeder noch mehr dazu lernen

> **Es sind die schwächsten Bäume nicht, an denen sich die Säue reiben.** - Henry Miller -

Bei der Zwangsversteigerung geht es meistens ums eigene Zuhause. Da sind Sie mit ganzem Herzen dabei, und eben das kommt mächtig ins Pochen: »Was sollen denn die Nachbarn denken? Freunde? Bekannte?« Nicht nur, dass Ihr Selbstwertgefühl wie alter Putz von der Hauswand bröckelt; da krallt sich auch noch die Panik ins Herz, demnächst unter der Brücke »pennen« zu müssen. Alles andere als erbaulich, oder?

Ist bei allen die größte Befürchtung

Bleiben Sie cool! Ihnen stehen mehr Möglichkeiten ins Haus, als Ihren Gegnern lieb sein kann.

Rette Haus und Hof

Hat aber nicht locker gelassen

Vor kurzem lernte ich einen netten Menschen kennen, dem in 3 Tagen die Zwangsversteigerung seiner 3 Immobilien drohte. Ganz Deutschland hatte er schon durchkämmt, um einen kompetenten Anwalt zu finden - und damit eine Lösung aus der Umklammerung. Die berühmte Nadel im Heuhaufen eben. Vergeblich! Die Verzweiflung erdrückte ihn wie ein Sumo-Ringer.

Im Osten befinden sich die meisten Schrott-Immobilien

Über seinen befreundeten Steuerberater, der meine Bücher kannte, kamen wir zusammen. 3 Tage vor dem Versteigerungstermin führten wir ein Telefongespräch über knapp 621 km hinweg: ich im mittleren Westen, er im tiefen Osten. Wir lagen auf der gleichen Wellenlänge. Mein Gesprächspartner sah zunächst keinen Ausweg und nur schiere Hoffnungslosigkeit. Und das, obwohl er früher selbst Banker war und sich bestens mit der gegnerischen Materie auskannte. Doch unfreiwillig auf »die andere Seite des Zauns geworfen«, sah er die Welt nun mit den Augen des Banken-Opfers, das sich in eine wirtschaftlichen Sackgasse manövriert hat. In der Tat: Man wird alt wie eine Kuh und lernt immer noch dazu.

Ihm brannte wirklich der Frack

Der Telefondraht aus Richtung Osten glühte so heiß wie die Kohlen, auf denen er saß. »Ich bin doch jetzt völlig machtlos!«, stöhnte er. Was mich zu der Bemerkung veranlasste: »Stellen Sie am Freitag doch Anträge«. »Was für Anträge?«, kam es erstaunt über den heißen Draht. »Ja, einen zur Sache und dann einen Ablehnungsantrag, um das Verfahren erst mal zu blockieren.«

Rette Haus und Hof

»Dann haben Sie Zeit gewonnen, um über weitere Möglichkeiten nachzudenken.« »Wie geht das?«, stieß er aufgeregt heraus.

War ganz heiß auf die Lösung

»Ganz einfach: Lassen Sie uns eine Begründung finden, die die Sache betrifft. Wird das Verfahren daraufhin von dem Rechtspfleger nicht eingestellt oder der Zuschlagsbeschluss nicht ausgesetzt, schieben Sie gleich einen Befangenheitsantrag gegen den Rechtspfleger hinterher. Dann kann der überhaupt keine Entscheidung mehr treffen. Und zwar solange nicht, bis Ihr Ablehnungsgesuch aus der Welt geschafft ist.«

Diese plötzliche Perspektive entfachte in ihm neue Kampfeslust: »Die Bank hat meine Forderungen verkauft, an eine amerikanische Investmentbank. So wie das heute mit den gestrandeten, bankrotten Immobilien üblich ist. Ich habe Unterlagen darüber, dass hier der Datenschutz verletzt wurde. Damit könnte ich doch die Aussetzung des Verfahrens beantragen!« »Somit haben Sie doch schon die Lösung parat! Genau das versuchen Sie. Und wenn der Rechtspfleger den Antrag nicht annimmt oder nicht darauf reagiert, schieben Sie den Befangenheitsantrag nach. Aber eines nach dem anderen.«

Dabei kannte er schon einen Ausweg

Gleich nach dem Telefongespräch schickte ich ihm jene Anträge, die ich selber schon eingesetzt hatte und die in diesem Buch beschrieben sind. So konnte er sich selbst vom Aufbau dieser Verteidigungswaffen überzeugen und sich eine Grundlage schaffen.

Bei so etwas: keine Zeit verlieren

Rette Haus und Hof

Da muss schon mal eine oder mehrere Nachtschichen eingelegt werden

Spätnachts faxte er mir seine Anträge[18] zum Absegnen zu. Und frühmorgens rief er an: Ob er denn so alles richtig gemacht habe? Und ob ich am Freitag auch telefonisch zu erreichen sei? Denn sollte es während der Versteigerung zu Problemen kommen, wolle er mit mir Rücksprache halten. Ich sagte es ihm zu, dass er mich dann anrufen könne.

Erste Unsicherheiten gehören dazu

Um 9 Uhr war der Versteigerungstermin. Gegen 9.15 Uhr klingelte mein Handy: »Der Rechtspfleger hat die Anträge entgegen genommen, aber nicht beachtet und an die Seite gelegt - die Versteigerung läuft jetzt!!!« Die Aufregung ließ seine Stimme stocken. »Haben Sie beide Anträge und auch der Reihe nach angeworfen?«, hakte ich nach. »Ja, das habe ich, aber der Rechtspfleger hat sich nicht darum gekümmert.« »Ist ins Protokoll aufgenommen worden, dass Sie Anträge gestellt haben?« »Nein, der hat sie nur an die Seite gelegt.« »Dann gehen Sie wieder in den Verhandlungsraum! Machen sie Rabatz! Bestehen vor allem darauf, dass Ihre gestellten Anträge ins Protokoll aufgenommen werden.«

Nicht ärgern - handeln

»Kann ich das denn so ohne weiteres machen? Bekomme ich da keinen Ärger?« Offenbar wollte er die Schlacht schon verloren geben. Außerdem, erfuhr ich nebenbei, sei er zu aufgeregt, um einen klaren Gedanken fassen zu können.

---

[18] Die Anträge befinden sich auf der CD-ROM mit den entsprechenden Unterlagen, die dazu geführt haben.

Rette Haus und Hof

»Ärger haben Sie doch schon«, machte ich ihm deutlich. »Die Zeit, den netten Jungen zu spielen, ist längst vorbei. Stellen Sie einen neuen Befangenheitsantrag, weil Ihre Sachen weder ins Protokoll genommen noch beachtet wurden!« »Können Sie mir den Text für das weitere Ablehnungsgesuch kurz erläutern?« Darauf übermittelte ich ihm telefonisch 3 Zeilen, um das erneute Ablehnungsgesuch wirkungsvoll in Worte zu fassen. Manche Wörter musste ich wiederholen, so nervös war er. Kann man ja verstehen - war es doch sein erster Versuch!

Wer sich ärgert, büßt für die Sünden anderer

Mit nachgeladener Waffe, per Antrag also, marschierte er in den Verhandlungssaal des Amtsgerichtes zurück. Erst abends um punkt 6 hörte ich wieder was von ihm: Er war keineswegs aus seinem Haus, aber trotzdem völlig aus dem Häuschen. Er sprudelte vor Freude über und betonte dankerfüllt in fast jeden Satz, wie sehr ich ihm geholfen habe. Dabei war ich doch nur der Zündfunke! Das eigentliche Dynamit war er! Er selbst hatte die Absichten seiner Widersacher in Grund und Boden gesprengt.

Ruhe und Arbeit gehören zusammen wie Auge und Lid

»Der Rechtspfleger wurde ganz nervös, als ich ihm während der Versteigerung den nächsten Antrag präsentiert habe«, triumphierte er. »Hilflos hat er seinen Kollegen gefragt, was er denn jetzt machen solle. Dann haben sie all meine Anträge ins Protokoll aufgenommen. Der gegnerische Anwalt war auch ganz verdutzt und wusste nicht, wie er darauf reagieren sollte.«

Ich war ganz einfach begeistert von meinem Zauberlehrling

»Der Zuschlag ist ausgesetzt, bis über alle Anträge entschieden ist!« Es kam noch besser: »Als ich aus der Versteigerung kam, hat mich ein fremder Anwalt angesprochen. Er berichtete, dass - als ich draußen war - eine heiße sowie ratlose Diskussion zwischen dem gegnerischen Anwalt und dem Rechtspfleger gelaufen ist. Dann hat er mir zu meinem Schachzug gratuliert. Das sei eine ganz clevere Sache gewesen; er habe heute selber einiges dazu gelernt.«

Gab es wenigstens zu

Und so war mein »Schützling« wieder mitten im Rennen. Hoch erfreut und glücklich, dass er - nachdem er ganz Deutschland nach dem Retter in der Not abgeklappert hatte - doch noch alles zu seinem Vorteil regeln konnte. Er revanchierte sich auf seine Weise - mit einem <u>wertvollen Insider-Tipp: Machen Sie als Hypothekenrückzahler bei der Bank unbedingt den bereits getilgten Betrag frei!</u> Das ist nicht schwer.

Und schon hatte ich neues Banker-Wissen

Lassen wir unseren Fachmann sprechen: »Wissen Sie, wie Sie getilgte Beträge absichern können, ohne Geld dafür auszugeben? Die meisten Immobilienkreditnehmer tilgen in guten Zeiten, ohne die frei werdenden Sicherheiten freizustellen. Kommt's mal hart auf hart, können die Kreditgeber in der Versteigerung immer auf die GESAMTEN Eintragungen zugreifen. Was sie auch immer gnadenlos durchziehen.

Manche Kreditnehmer lassen die getilgten Beträge mit notariellen Beurkundungen im Grundbuch freistellen.

Rette Haus und Hof

Das kostet natürlich Geld: einmal beim Notar und dann noch beim Grundbuchamt. Die Höhe beider Gebühren richtet sich nach dem Betrag, der ausgetragen wird. Machen Sie das Teilbetrag für Teilbetrag oder Jahr für Jahr, legen Sie immer wieder zusätzlich Geld auf den Tisch. Die meisten unwissenden Kreditnehmer zahlen jeden Monat pünktlich Zinsen und Tilgung. Um den getilgten Betrag kümmern sie sich nicht. Brennt es dann irgendwann mal, werden sie - naiv, unwissend oder gar dumm, wie sie sind - von ihrer Bank komplett ausgesaugt. Gnadenlos und ohne Mitleid!

Ich erfuhr es ganz im Vertrauen

Doch es gibt einen ganz einfachen Weg, von dem nur Insider wissen. Selbst Immobilienbanker kennen sie meistens nicht - die

Anzeige der Abtretung der Ansprüche auf Rückgewährung von Grundschulden

Angenommen, Sie haben schon Zinsen und Tilgung bezahlt. Gehen wir mal von einer Grundschuld von 100.000 € aus. Dann können Sie schon bei der ersten Zinsen- und Tilgungsrate, die Sie gezahlt haben, die Anzeige machen. Um es verständlicher auszudrücken, gehen wir davon aus, dass Sie bereits 5.000 oder 10.000 € getilgt haben. Dann können Sie diesen getilgten Betrag an einen Verwandten abtreten, der nicht in dem gleichen Vertrag Kreditnehmer ist.

Lassen Sie sich das mal auf der Zunge zergehen

Sie haben doch auch so eine Person Ihres Vertrauens - oder?

Der Ablauf (die Musterschreiben befinden sich auf der CD-ROM) präsentiert sich wie folgt:

Rette Haus und Hof

Es ist wirklich einfach

1. Sie lassen sich von Ihrer Bank ein vorgefertigtes Formular mit der Überschrift: »Anzeige der Abtretung der Ansprüche auf Rückgewährung von Grundschulden« geben. Füllen dieses Formblatt aus, und geben es bei der Bank mit der Zustimmungserklärung ab.

Adresse Absender

Adresse Bank

Plz, Ort, den 21. Juli ....

Zustimmungserklärung zur Abtretung der Rückgewähransprüche
Grundbuch: Erfolgshausen Altstadt, Band 241, Blatt 7412

Sehr geehrter Herr Banker,

Man muss es in guten Zeiten nur tun

hiermit erkläre ich als Grundstückseigentümer nochmals auf schriftlichem Wege meine Zustimmung und Bestätigung zur Abtretung der Rückgewährsansprüche der im Grundbuch von Erfolgshausen-Altstadt auf Band 241 Blatt 7413 in Abteilung III unter der laufenden Nummer 1 eingetragenen Grundschuld in Höhe von insgesamt 10.000 € und die zukünftig getilgten Rückgewährsansprüche zu Gunsten von Herrn Peter Mustermann, Straße, PlZ Ort.

Ich bitte um schriftliche Bestätigung.

2. Achten Sie darauf, dass Ihnen Ihre Bank diese Erklärung schriftlich betätigt. Sollte die Bestätigung nicht innerhalb von 14 Tagen kommen, müssen Sie sie anmahnen.

Wie gefällt Ihnen das?

Das Praktische daran: Es kostet kein Geld und steht im gleichen Rang wie der Rang der Bank. Selbst wenn sich andere Banken im Rang dahinter eintragen, würden sie bei der Zwangsversteigerung hintan stehen.

Rette Haus und Hof

Denn die meisten nachfolgenden Geldgeber wollen nur unbedingt ins Grundbuch, fragen aber meist nicht nach, ob Rückgewährungsansprüche aus dem vorherigen Rang vorliegen. Weil diese ›Versicherung‹ eben nicht so bekannt ist und auch sehr, sehr selten eingesetzt wird.«

Weil keiner daran denkt

Da habe ich aber die Ohren gespitzt! Mir war es eine Verpflichtung, Ihnen, liebe Leser, diesen genialen Schachzug mitzuteilen, damit Sie ihn nutzen können. Deshalb sollten Sie, solange Sie sich mit Ihrer Bank bestens verstehen, diese Absicherungsmaßnahme unbedingt in die Wege leiten. Damit sind Sie dann auf der sicheren Seite.

> **Wer seine Ansicht mit anderen Waffen als denen des Geistes verteidigt, von dem muss ich voraussetzen, dass ihm der Geist ausgegangen ist.** - Otto von Bismarck -

Sie können Ihre Position festigen, wenn Sie mit der Person, an die Sie den Rückgewährungsanspruch abtreten, noch einen Darlehnvertrag in einer passenden Summe abschließen, sich von ihr also Geld leihen. Dann ist der Anspruch in sich schlüssig abgetreten, und die Sache steht wie ein Fels in der Brandung einer Zwangsversteigerung. Natürlich können Sie auch an Ihre Kinder abtreten. Achten Sie bei Minderjährigen aber darauf, sich die Abtretung durchs Vormundschaftsgericht billigen zu lassen.

Dann ist es eine ganz sichere Bank

Rette Haus und Hof

Die nachrangigen Eintragungen können Sie übrigens jederzeit vornehmen lassen!

Fort Knox ist dagegen ein Touristenpark

Mein Freund, die Lebensuniversität, ist ganz ausgeschlafen und hat genau diesen Trick mit seinen Zwillingen keck durchgezogen. Bei mehreren Objekten hat er sich so umfassend abgesichert. An diesem Schutzwall beißen sich alle anderen die Zähne aus!

Weitere Munition liefern Ihnen nachrangige Grundbuch-Eintragungen einer Vertrauensperson. Oder Sie belasten das Grundstück mit nachrangigen Grundschuldbriefen. Und zwar so hoch, dass der Qualm aus Ihrem Schornstein mit abgedeckt ist. Dann haben Sie eine weitere Waffe, wenn Sie sich in der Zwangsversteigerung unbedingt wehren müssen.

Und sollten das dann auch tun

»Warum?«, werden Sie jetzt sicherlich fragen. Ganz einfach: Alle Beteiligten können im Zwangsversteigerungsverfahren Anträge stellen - auf Deubel komm raus. Wenn Sie aus dem Hintergrund heraus mit den belasteten Grundbucheintragungen die Strippen ziehen können, werden Sie das Heft im Zwangsversteigerungsverfahren nicht aus der Hand geben. Bei den Grundschuldbriefen kann das immer derjenige machen, in dessen Besitz sich die Briefe befinden. Achten Sie jedoch darauf: Gegen Sie, den Schuldner, läuft ja die Versteigerung. Daher dürfen Sie nicht der Inhaber der Grundschuldbriefe sein. Ansonsten entfällt die Möglichkeit, den Betreiber der Zwangsversteigerung in die Zange zu nehmen.

Wie eine alte Schmiedzange für heiße Eisen

Rette Haus und Hof

Setzen Sie eine Person ihres Vertrauens ein, die die entsprechenden Anträge im Verfahren stellt. Selbst wenn Sie der Urheber der Anträge sind.

Wer schreibt, der bleibt

Aus dieser »Tarnung« heraus können Sie die Versteigerungs-Initiatoren, also Ihre Gläubiger, fachgerecht in die Zange nehmen. Besonders tückisch läuft es für die Versteigerungsbetreiber, weil sie ja nicht wissen, aus welcher Ecke der Wind weht. Angesichts »Ihrer« Anträge wird der Mund Ihrer Gegner bald so zahnlos sein wie die Brotquetsche eines Tattergreises.

Fassen Sie Mut aus dem Wissen, dass Sie fast (!) jeden durch ein gestrecktes Verfahren so weich kochen können wie Wackelpudding. Wenn sich vor Ihren Gegnern immer neue Schwierigkeiten türmen und nichts, gar nichts so läuft wie gedacht, dürfte das Rückgrat Ihrer Gläubiger über kurz oder lang dem eines Zitteraals gleichen. Ihr Peiniger wird entnervt das Handtuch werfen. Ergreifen Sie dann die Initiative! Denn nun können Sie Haus und Hof durch geschickte Verhandlungen noch retten.

Wenn Sie ein Wohnrecht eingetragen haben, gelten Sie als Partei im Zwangsversteigerungsverfahren - und haben das Recht, Anträge zu stellen. Also, Sie haben doch Fantasie! Setzen Sie sie ein, und kreieren Sie Blockaden nach Maß. Wetten, dass Sie den Zwangsversteigerungsbetreiber damit zum Wahnsinn treiben können?

Auch eine Möglichkeit

Rette Haus und Hof

Jedes Ihrer »Moment mal, euer Ehren!« wird Rechtspfleger und Gegenseite der Gummizelle ein Stückchen näher bringen.

Hier lachen immer alle, denen ich das erzähle

Mein Freund hat in seinem 350 m² großen, noblen Fachwerkhaus ein Wegerecht eintragen lassen - mitten durch sein Wohnzimmer!!! Inhaberin: seine geschiedene Frau. Die dort längst nicht mehr wohnt!

Als es mal kritisch wurde, ließ er die Bombe platzen und meldete beim Versteigerungstermin dieses Wohn- und Wegerecht an. Die Kinnlade seines Gegners rutschte daraufhin bis in den Weinkeller runter.

Nur mein Freund macht es! Die anderen zittern um ihr Hab und Gut

Nun konnte sich mein Freund außergerichtlich einigen und den ausgehandelten Betrag in angenehmen Raten bezahlen. Seine Gegner hatten ja gemerkt, dass mit ihm nicht gut Kirschen essen ist.

Oder gründen Sie eine GbR! Über die können Sie Ihren Besitz verwalten. Pech für Ihre Gegner, falls die GbR ins Ausland verzogen ist, wenn Gerichtspost zugestellt werden soll. Zum Beispiel an Ihren Ferienort am erfrischenden Lago Maggiore, exzellenten Garda See, im »elften deutschen Bundesland« Mallorca oder im sonnigen Ibiza. Dann geht's zu wie bei Gottschalk: Wetten, dass es Ihre Gegner nicht schaffen, dem Gesetz Genüge zu tun und eine werkgetreue italienische oder spanische Übersetzung der Post zu bewerkstelligen? Es wäre schon ein Fehler, das Zeichen § statt des ausgeschriebenen Worts »Paragraf« zu benutzen.

Europa lässt grüßen

Passen Sie jetzt mal genau auf

Rette Haus und Hof

Diese Pedanterie lässt wieder wichtige Zeit ins Versteigerungsland gehen.

In einem mir gut bekannten Fall ist ein Gläubiger wegen dieses Dilemmas (Umzug der GbR) voll ins Leere gelaufen.

Der Postbote stellte 19 Zustellungsurkunden an 19 Grundstücksgesellschaften zu. Es waren GbRs, die ein und demselben Inhaber gehörten (ich kenne ihn sehr gut). Übers Handy rief mich sein Gläubiger an und ließ seiner Entrüstung freien Lauf:

Es waren tatsächlich 19 Gesellschaften

»Herr Rademacher, können Sie sich vorstellen, dass Herr ... 19 Zustellungsurkunden wieder zum Gericht gebracht hat?! Dort hat er die Urkunden zurückgegeben und erklärt, dass alle GbRs verzogen seien. Wohin, konnte er nicht sagen. Und ich habe den ganzen Schlamassel wieder zurückbekommen!« Die Neunzehn betonte er dabei mehrere Male, völlig außer sich. »Das ist gut. Das sollte man sich merken«, antwortete ich amüsiert - und konnte mir das Grinsen nicht mehr verkneifen.

Er war fast am Heulen

Und ich musste danach herzhaft lachen

Denn eine GbR kann mit einem Handstreich ihren Sitz verlegen - leichter und schneller als eine Person, GmbH, Ltd. oder sonstige Gesellschaftsform, die notariell eingetragen oder umgemeldet werden muss. Die natürliche Person muss sich immer noch beim Einwohnermeldeamt ab- und vielleicht ummelden. Noch ein GbR-Vorteil: Die Gesellschafter lassen sich ohne Probleme schnell austauschen - formlos oder notariell.

Bei reinen Verwaltungs-GbRs ist es dasselbe

Rette Haus und Hof

Beim Fiskus wird meistens auch nicht angefragt

Eine GbR, die nur Grundvermögen verwaltet oder Vermietung und Verpachtung betreibt, braucht nicht mal beim Gewerbeamt angemeldet zu werden. Eine Steuernummer beim Fiskus reicht völlig aus. Und die Staatskasse ist nun mal ans Steuergeheimnis gebunden und darf keine Auskünfte geben. (Das wäre im Übrigen wieder eine neue Blockadebegründung.)

Wenn so eine GbR mal das Fernweh packt, kann sie es in ganz Europa stillen. Vor allem, da dieses Europa immer enger zusammenwächst. Willy Brandt hätte gesagt: »Hier wächst zusammen, was zusammen gehört.« Aus Erfahrung weiß ich, dass dabei so richtig viel Freude aufkommen kann. Vor allem mit Blick auf den völlig ver(w)irrten Gläubiger, der verzweifelt den neuen GbR-Sitz sucht. Und sucht. Und sucht ...

Sie sind der Protagonist

So ein Zwangsversteigerungsverfahren ist äußerst vielschichtig. Das werden Ihnen die nächsten Seiten bewusst machen. <u>Mein Tipp: Machen Sie sich schlau! Finden Sie heraus, welche Strategien Ihnen - abseits des ohnehin umfangreichen Wissens aus diesem Buch - sonst noch offen stehen!</u>

Aber bitte mit Volldampf!

Nehmen Sie das Heft selber in die Hand. Schließlich ist es Ihr Grund und Boden! Verlassen Sie sich nicht auf andere. Treffen Sie selber Ihre Entscheidungen. Vor allem: Bleiben Sie ruhig und gelassen. Auch wenn es schwer fällt und ganz eng wird. Wie in dem witzigen TV-Spot eines großen Baumarkts: Es steckt in dir. Lass es heraus!

Der clevere Abschluss

So, nun bin ich fast fertig. Ich habe Ihnen jetzt alles Defensiv-Rüstzeug an die Hand gegeben, das Sie brauchen, um sich in der Zwangsvollstreckung und/oder -versteigerung richtig zur Wehr setzen zu können.

Alles hat ein Ende. Nur die Wurst hat zwei

Eines jedoch dürfen Sie NIEMALS vergessen: <u>Die Rettung funktioniert nur, wenn Sie sich irgendwann mit Ihren Gläubigern einigen können.</u> Sei es direkt, über die Prozessbevollmächtigen oder über geschicktes Taktieren in den Vollstreckungsverfahren. Nutzen Sie die gewonnenen Verschnaufpausen unbedingt, um Geldmittel zu beschaffen! Denn ohne Moos ist auch hier nichts los. Absolut nichts. Selbst der Tod ist nicht umsonst; da müssen die Erben noch tief in die Tasche langen. Und oft sogar eigenes Geld zu Grabe tragen.

Trotz allen Zeitgewinns: Irgendwann muss Geld fließen!!

> **Wir wissen, was wir wissen, wir haben's teuer bezahlen müssen.** - Alfred Döblin -

Denken Sie daran: Der Umwelt ist es egal, wie Sie sich fühlen. Nehmen Sie Ihr Leben deshalb lieber selber in die Hand. Denn wer sich selbst hilft, dem hilft Gott.

Es kommt 100%tig auf Sie an. Verlassen Sie sich auf keinen andern!

Der clevere Abschluss

Das habe ich Tausende von Male in meinem sehr bewegten Leben erfahren dürfen.

Nehmen Sie in den Vollstreckungsverfahren das Heft entschlossen in die Hand, und beherzigen Sie die nachfolgenden Punkte:

Pochen Sie auf Ihr Recht

Punkt 1: Das Grundgesetz garantiert Ihr Recht auf Eigentum. Verteidigen Sie dieses Recht mit Klauen und Zähnen! Geben Sie keinen Millimeter nach!

Punkt 2: So weit es in Ihren Kräften steht, müssen Sie Ihr uneingeschränktes Besitzrecht an Hab und Gut sichern. Am besten mit einem sozial gesicherten Mietrecht, dem Zwangsverwaltung und Zwangsversteigerung nichts anhaben können. Entscheiden Sie sich für die gewerbliche Zwischenvermietung.

Das schaffen Sie nur, wenn Sie dagegen halten

Punkt 3: Zwingen Sie Ihren Gläubiger zum Einvernehmen, indem Sie es ihm so schwer wie möglich machen, seine Ziele zu erreichen. Für ihn muss die Immobilienverwertung zum unkalkulierbaren Zeit- und Kostenrisiko werden.

Punkt 4: Vertrauen Sie niemals auf den Mitleidsfaktor. Keiner wird Ihnen etwas schenken! Setzen Sie den Gläubiger lieber unter Kosten- und Zeitdruck. Denn er wird gutes Geld nicht dem schlechten hinterher werfen wollen.

Setzen Sie dafür dieses Wissen ein

Punkt 5: Stärken Sie Ihre eigene Rechtsposition, und machen Sie sich von niemandem abhängig. Es reicht schon, dass Ihr Gläubiger Sie unterkriegen will.

Punkt 6: Vergessen Sie Verwandte und Freunde als mögliche »Rettungsanker«.

Der clevere Abschluss

Mit dem umfangreichen Wissen, das Sie nun im Kopf haben, können Sie diesen aus der finanziellen Schlinge ziehen. Tun Sie es, und überlegen Sie sich Ihre weiteren Schritte gut. Es steht dabei eine grundsätzliche Entscheidung an, die Sie nicht umgehen können:

1. Will ich Lebensqualität?
2. Oder will ich Knecht meiner materiellen Güter sein?

Das ist die Frage, auf die es ankommt

Der Kampf um Geld und Gut, Haus und Hof kann sich durchaus auszahlen - auch ideell. Wenn Sie aber zu dem Schluss kommen, dass sich der Aufwand absolut nicht lohnt, dann sollten Sie sich mit dem System der Summe „X" vertraut machen. Ringen Sie sich zu einem radikalen wirtschaftlichen Schnitt durch, kommen Sie garantiert auf eine maßgeschneiderte Lösung, die Ihnen schnell neue Lebensqualität beschert. Die Entscheidung liegt ganz allein bei Ihnen!

Und wie sagte noch Franz Herold: »Was heißt, bei Licht besehen, den Menschen Moral? Zwei scheuen das Vergehen und hunderte den Skandal.«

Denken Sie an das Zitat eines unbekannten Humoristen: »Wenn Du von einer Bank was willst, musst du immer was mitbringen.«

Treffen Sie jetzt die richtige Entscheidung, und handeln Sie danach.

Der Weg ist das Ziel! Auf geht's!

Es müssen immer Ihre Entscheidungen sein!